「江南の発展 南宋まで」

江南的發展

岩波新書・中國的歷史 2

Mitsuhiro Maruhashi

丸橋充拓

林琪禎◉譯

目次

編輯前言

現在，讓我們重新閱讀中國史——「中國的歷史」書系目標

中國，一個很近卻又很遠的國度。

當年，我們這部書系的作者們甫成長的時代，中國是個無法前往的國家。中國大陸上發生了什麼事，也幾乎是一片模糊。雖說中日兩國一衣帶水，距離十分近，但卻什麼也看不見。

然後，半個世紀過去了。現在如何？前往中國幾乎自由了，許多人在中國進進出出。一衣帶水，真的很近，關係也很深。無論好壞，中國都是個十分重要的國家。

但是，現在的我們，真的看清楚中國與中國人了嗎？無論表面上如何關注，其內涵仍然是個謎。原本應該拉近距離的中國，其實仍然很遙遠。

不過，歷史提供了線索，讓我們有機會接近中國這個謎團。就像我們要

認識一個人，也要先看他的履歷表一樣。眼前的中國也是，過去的履歷，隱藏著接近其核心的脈絡。

當然，關於中國的歷史，早有許多重量級的學者留下不少著作。不過，這些著作大多有一個共通的模式，那就是大多採用編年史的寫法，按照時代的興替進行撰寫。

然而，中國十分巨大。疆域比歐洲還廣闊，人口也非常多。歐洲十餘個國家，各自書寫自己的歷史，由於歐洲各國各自有多樣化的發展，因此歷史也必須按照各國自身的歷史進程書寫才行。

但中國呢？就算同屬一個國籍，其中所具備的多元性應該也不遜於歐洲。然而，以前的中國史書寫卻極少觀照這個方面，僅從「中國」這個清楚的框架進行時代更迭的論述，最終變成與過去的王朝交替史觀並無二致，且容易受到特定意識形態所影響的內容。因此，我們認為有必要書寫一部更適合現在全球化的現代社會閱讀、且更接近中國多樣面貌的中國史敘述。

本書系以「多元性」為編寫方針，共以五卷構成。第一卷以東亞的文明為起點，描述中國逐漸具備多元面貌的過程。第二卷以南方在逐漸開發之後，躍上經濟文化中心的歷史為主要內容。第三卷則以不停對中原造成影響，最終卻融入其中的草原世界為論述的重點。第四卷起，加重海洋的觀點，敘述中國南北海域與陸域的多元化不停增強的過程。第五卷以承接第四卷的多元性敘事為起點，重新檢視與現代中國連結的歷史過程。

各位讀者若能經由本書的內容，理解中國多樣的面貌，實為作者的榮幸。

書系作者群　上

本書系的構成

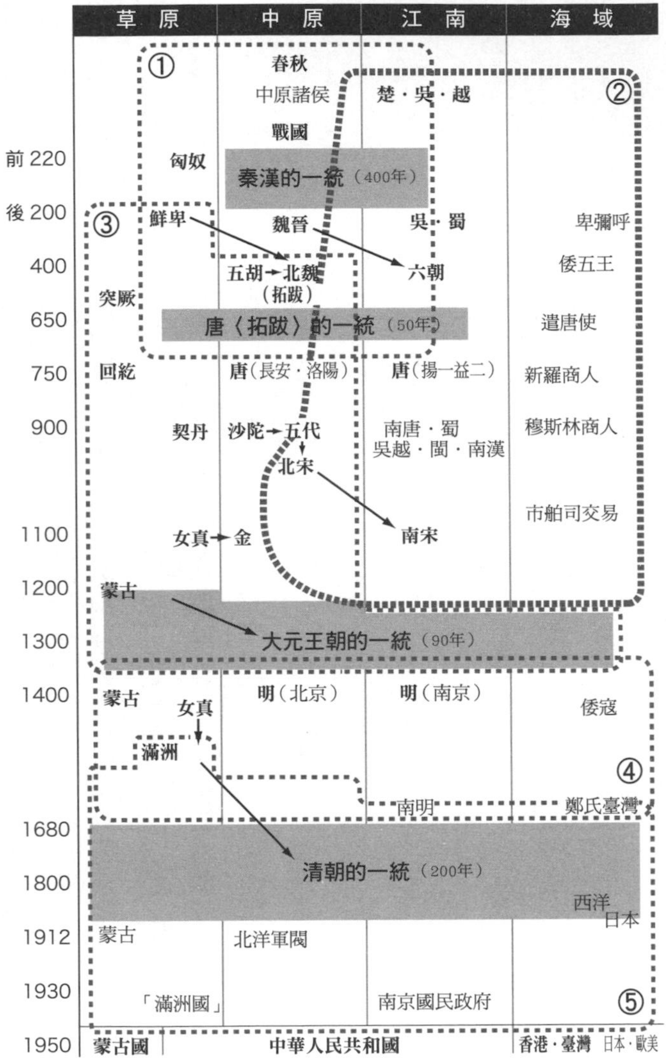
草原
中原
江南
海域
前220
後200
400
650
750
900
1100
1200
1300
1400
1680
1800
1912
1930
1950
①
②
③
④
⑤
春秋
中原諸侯
楚・吳・越
戰國
匈奴
秦漢的一統（400年）
鮮卑
魏晉
吳・蜀
卑彌呼
五胡→北魏
（拓跋）
六朝
倭五王
突厥
唐〈拓跋〉的一統（50年）
遣唐使
回紇
唐（長安・洛陽）
唐（揚一益二）
新羅商人
契丹
沙陀→五代
北宋
南唐・蜀
吳越・閩・南漢
穆斯林商人
市舶司交易
女真→金
南宋
蒙古
大元王朝的一統（90年）
蒙古
女真
滿洲
明（北京）
明（南京）
倭寇
南明
鄭氏臺灣
清朝的一統（200年）
西洋
日本
蒙古
北洋軍閥
「滿洲國」
南京國民政府
蒙古國
中華人民共和國
香港・臺灣
日本・歐美

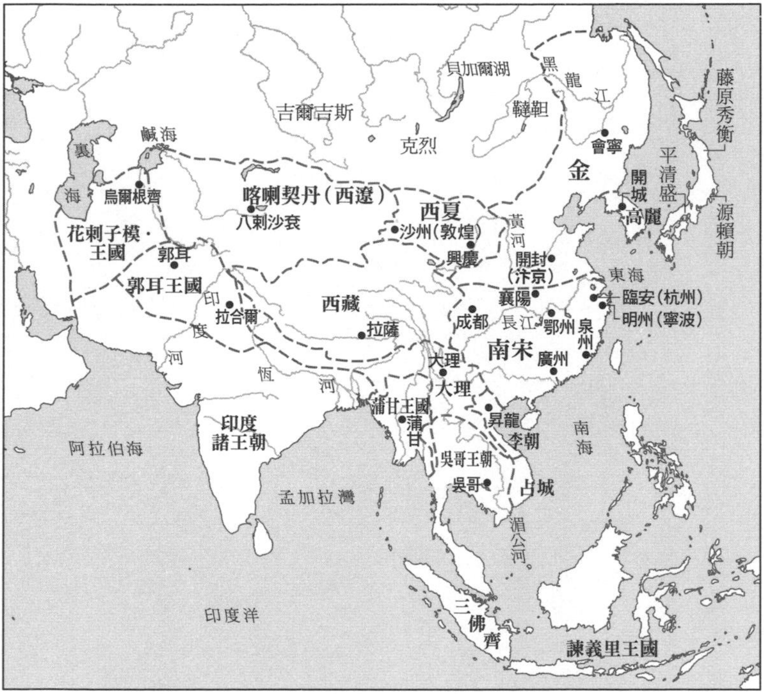

12 世紀後期的歐亞大陸東部

臺灣版序

本書為「岩波新書・中國的歷史」書系的第二卷。

接續以中原地域為焦點的第一卷，第二卷以江南地域（中國南部）與周邊海域的歷史為主題。換言之，本書與過去按照時間序列順序編寫的通史，在結構上有很大的不同。

這是一個新的嘗試。跳出「中華史觀」的框架，用更為自由的視角，將兩個地域視為密切相關的兩個平行世界，分別探討各自的歷史過程。同時，對於一向被視為「以農耕為基盤的中華世界之南」的江南地域，本書進一步提出其所具有之「以通商為經濟基礎的海域世界之北」的新觀點。

中華世界與其周邊的各種勢力——華與夷、北與南、陸與海等，不時地轉換其對峙的模式，在歷史的長河中不停更迭。出現在南方的勢力，面臨北方的軍事壓力，必須時常尋找迴避衝突、延續命脈的蹊徑。過程中，存亡的關鍵往往在於如何經由海域與周邊勢力締結政治與經濟上的關係上。故本書認為，孫吳、東晉南朝諸朝代、五代的吳越、南宋、南京國民政府的性質，都帶有這類海洋立國的色彩。這種角度，也適用於當時中蘇對立之後，轉向改革開放政策，以振興沿海地帶經濟活動的中國；更可以延伸到二十一世紀的如今，中華人民共和國與亞洲諸海洋國家之間的對峙局面。「南方的海洋志向」（或曰對海洋世界的嘗試錯誤），仍是現在進行式，而且是今後必將持續發展與面對的重要課題。

如第一卷所述，本書系一以貫之的核心論題是「中國是如何成為中國的？」（中國何以為中國），本書系認為，「中國」並非千古不變的單一歷史主題，而是多個地域與不同社會階層的衝撞與揉合，才形成如今的現代「中國」。

本書這樣的觀點，與一九八〇年代所發生學術界的多方轉變有很大的關係。受社會史研究與國際史視角等全新的潮流下所牽引，史學界也提出了「近代歷史學的相對化」觀點。歐洲中心史觀、一國史觀（國民國家史觀），這類著重生產與經濟活動的論述，以大陸國家為中心的論述，或者以定居農耕民為主的論述，這些構成近代歷史學的種種被視為理所當然的論述角度，其實並不具有不證自明的論述基礎。在中國史方面，一九九〇年代後，中央歐亞史與海域亞洲史的研究，有了飛躍的進展，強調與「中國」這個框架相對化的研究與論點，也被反覆論及。

但是，即使學術界之內有了新的論述，卻仍然扭轉不了與現實社會的認知逐漸脫節的困難局面。主要可歸納成下述二點原因：

第一，受到「後真實」（Post-truth）潮流的影響，「去脈絡化」與「去歷史化」的風潮席捲一般社會。在日本的中學教育，因為對於歷史科目一直以來總有被認為是一門需要不停背誦的乏味科目的印象，故二〇二二年新頒布的高中學習指導要領中，已將世界史科目從必修科目中刪除。未來，這一批「幾乎沒有學過外國史的世代」就將進入日本社會。可以預見，本書系在總序之中所提及之，日本社會對於中國這個國家「雖近卻遠」的印象，在未來只會不斷被深化。

第二，自國中心主義的國家敘事史觀的強化。冷戰體制瓦解後，各國在陣營邊界模糊的迷惘中，所找到的意識形態出口與強化國民統合的手段，就是這種以自國史為中心的國家敘事史觀。這樣的歷史敘事手法，恰好與一般市民社會中反全球化的本土化排外思潮產生共鳴。這樣的現象，往往與學術界的論述產生對立。同樣的，本書系所強調的論點——「中國」的多元性與可變性，勢必也將與不停強化「一個中國」的史觀的大陸現狀，產生對立。

萬幸的是，本書系在日本刊行至今約兩年左右的期間，一般讀者對於這些史學界所提出的新觀點，大多保持善意的接受態度，也讓本書系一定程度地完成了將學界成果傳遞至一般社會的使命。本次，隨著本書系繁體中文版的問世，代表本書內容將不再局限於日語圈的世界，得以進一步就教於漢語圈的讀者，擴大深化討論與激盪思想的平臺。

藉此書序，謹向費心安排出版此書系的聯經出版公司，以及承接本書翻譯的林琪禎先生，敬致謝忱。

二〇二一年九月十七日

丸橋充拓

導言

「船的世界」與「馬的世界」

中國很大，一個國家卻擁有匹敵整個歐洲的國土。「南船北馬」的說法，充分地表達出這個廣大空間中多樣化的生活型態。

「南船北馬」所表達出來的，不單只是說明以長江流域為中心的「南方」多運用以船隻為手段的水運，以及以黃河流域為中心的「北方」多運用馬匹進行陸運的交通運輸型態而已；還包含了氣候（濕潤／乾燥）、生產（漁撈與水田農業／畜牧與旱田農業）、自然景觀（與自然融合／與自然對峙）、飲食（多食用魚貝類與蔬菜的清淡料理／多食用肉類與油脂的濃厚料理）等各式各樣、幾乎涵蓋了不同環境與生活型態的所有面向。

就實際的歷史發展來看，南北兩地也常分裂，各自誕生不同的政權。其中最為人所知的為五至六世紀的南北朝時代，與十二至十三世紀的金宋時代。最近，也有學者開始將包含金宋時代在內的十至十三世紀稱為「第二次南北朝時代」。

然而，所謂的「南北朝」這種說法，其實也有些弔詭。因為這是將中華帝國（從秦漢到清末於中國所形成的政治體制）視為一個「一」的政治體，當這個政治體分裂成「二分之一」或以上的非統一狀態時，所產生的說法。換言之，這種說法中，充滿著未來終究要走向統一王朝的濃烈「中華史觀」。

於是，這種概念就將「船的世界」與「馬的世界」限定在「中國」這個「狹隘」的空間之中（行文至此，便與開頭所說的「中國很大」，產生了概念上的對立）。

但是，所謂「船的世界」，實際上並非僅止於中國南半部，還能延長至周邊海域以及東南亞、印度洋等。同樣的，「馬的世界」也不僅止於中國的北半部，還一直延續至內亞至俄羅斯、東歐一帶。亦即，換個角度來看，中國其實可以說是位於「東南亞海洋世界的北部」與「內亞草原世界的東部」的交會之處吧。

日本人常常不知不覺就將中國當成「東亞世界的夥伴」（畢竟歷史教科書中都這樣子書寫），雖然這種說法本身並沒有錯，但其實攤開地圖，中國只有四分之一的國土位於東亞一帶而已。我自己在中國看電視新聞的時候，注意到中東相關的新聞特別多時，才意外發現到原來我本身也忽略了中國的這種「西進」企圖。

在理解中國於二〇一〇年代所喊出的「海洋戰略」與「一帶一路」的關鍵字時，就不能欠缺中國是「海洋世界的一部分」同時也是「草原世界的一部分」這樣的觀點。

本書為「岩波新書・中國的歷史」書系的第二卷。

第一卷是以中國的黃河流域——這個自古被稱為「中原」的地區孕育出「古典國制」的過程為主軸。「古典國制」為中華帝國的骨骼，涵蓋了中華帝國的諸多制度。「古典國制」主要形成於西漢（前二〇二—後八）末期至東漢（後二五—二二〇）初期，之後一直成為歷代王朝的典制模範。誕生於「中原」的「古典國制」，後續廣泛地滲透到迭興於南方「船的世界」與北方「馬的世界」的諸王朝中，在摩擦與衝突、妥協與融合的過程裡，交織出一篇篇的歷史篇章。

在這樣的歷史過程之中，本書的工作就是聚焦在發生於「船的世界」的歷史〔參見卷頭「本書系的構成」圖表〕。本書的下一卷，則是以「馬的世界」為主題。如第一卷所述，貫通本書系一貫的主題是「中國是如何成為中國的？」這個問題意識。

中國並非從一開始就是現今的「中國」所呈現出來的格局與組成，而是在「船的世界」與「馬的世界」的衝突與融合的過程之中，所慢慢形成的中國。這段複雜的過程逐漸演化，所誕生的第一個大統合的時代，發生於十三至十四世紀，蒙古帝國統一中國的時期。本書系的第二卷與第三卷，對於「大元的一統」的時代皆有進行論述。

本書系並非以王朝的更替為分卷的依據，也不採取按照時代的更迭整理歷史的「斷代史」的形式編輯。尤其是第二卷的本書，在時代上於前半部與第一卷相疊；後半部則與第三卷的時代相近，因此讀者一開始閱讀時可能會感到困惑。

本書系採用這種與過往習慣不同的方式編輯的原因在於，書系編著者一致認為，中原的「古典國制」擴散到周邊地區時，所產生的摩擦與融合，以至於誕生現在的中國這段過程，換句話說這段「中國生成的動態史」，比按照時代區分的敘述來得有趣之故，因此希望挑戰這種新的中國歷史書寫方式。

當然，這是一種新的嘗試，不成熟的部分也不少。盼各位讀者多方批評，若能拋磚引玉，形成論述，則屬萬幸。

「民的世界」與「官的世界」

「古典國制」的擴張，也與周邊產生摩擦。這樣的摩擦，並非只發生於具有文化差異的「船的世界」與「馬的世界」之間。由於「古典國制」不只往水平方向擴展，也往垂直方向滲透，因此發端於政權中樞的國制，必須要將其影響力滲透到居住於同一個空間之中的下層民眾與社會。故本書將「古典國制」影響所及的第二個層面定位為民眾與基層社會。

中國的人民，與日本相比，其非固定性與流動性很高。雖然所有的民眾原則上都必須要成為「編戶」，登錄戶籍，負擔稅務；但現實上「農、工、商」之類的職業身分並非世襲繼承，常常因為家庭的因素而遷徙，或者轉而從事其他各種各樣的行業。於是，也產生了脫離戶籍，化為「遊民」、「流民」的人們，他們在中國歷史上的存在其實十分關鍵。他們為了維生，是重新被「古典國制」所吸收？還是逃到所謂的「灰色地帶」求生？就成為一個十分有趣的論題。

同時，探討「古典國制」垂直滲透的過程，在國家和民眾之間，就出現了第三個要素。那就是所謂的「官吏」或「士大夫」（本書將官吏或以成為官吏為目標的讀書人統稱為「士大夫」）。

無論東西方，在國家與民眾之間，都存在著連結雙方的「中間層」。在日本與西歐的社會，中間層大多由所謂的「領主」長期寡占。相對於此，中國的中間層就是「官吏」。領主與官吏之間最大的具體不同，在本書的後續章節會進行說明，在此先引用日本二十世紀最重要的史學者之一宮崎市定（一九〇一－一九九五年）的說法。中華帝國以官吏為中間層的國制，往往被認為是採用「獨裁君主體制」的「一君萬民」之「專制國家」，但宮崎對這樣的體制卻有如下的闡釋：

> 中國近世的獨裁君主體制理念，最重要的一點，就是必須排除君主與人民之間的特權階級。就獨裁君主的立場而言，支配人民者必須只能有一個國

君。但是因為人民的數量很多，但君主只有一人，因此要統治人民就必須要借助官吏。然而，在君主眼中，官吏僅只是協助他遂行統治的人手，不得形成一個穩固的官僚特權化階層以介入君主與人民之間。天子與人民之間的距離雖然很遙遠，但這單純只是為了保持天子的尊嚴與體面，天子的意志仍然要不受任何阻礙地直接傳達到人民身上。因此，官吏必須是極富傳導力的電線導體，但卻絕對不允許成為自行發電、自行耗電的發電機。（《雍正硃批諭旨解題》）

文末所提出的「官吏＝電線」的比喻，可謂文壇巨擘宮崎在其所留下的許多知名比喻之中數一數二的傑作。若統治的主體（Subject）為君主，受體（Object）為人民，則官僚只能作為媒體（Medium）。對官吏的要求完全集中在傳導電流的功能性上，將官吏自己產生主體性視為禁忌。這與日本及西歐的「領主」，在自己領土內的地位宛如小君主，可以發揮施政主體性的性質，有著決定性的不同。

這種中國官吏理念的理想雛形，可舉眾所周知的北宋名臣范仲淹

（九八九—一〇五二年）的文章為例。宋代被視為文官政治的典型時代，范仲淹更是被視為文官政治名臣中的名臣，其傳世的詩文作品眾多，其中最廣為人知的，就是為湖南省岳陽樓所寫的散文〈岳陽樓記〉，其中一節如此說道：

居廟堂之高，則憂其民；處江湖之遠，則憂其君。是進亦憂，退亦憂。然則何時而樂耶？其必曰：「先天下之憂而憂，後天下之樂而樂」乎。

（在朝廷為官，就為百姓憂慮；不在朝廷為官而處在僻遠的江湖中，就為國君憂慮。如此一來，他們入朝為官也憂慮，退處江湖也憂慮。既然這樣，那麼他們什麼時候才快樂呢？他們一定會說：「在天下人憂愁之前先憂愁，在天下人快樂以後才快樂」吧？）

文中最後知名的兩句，也成為成語「先憂後樂」的典故。東京與岡山的後樂園，分屬水戶德川家與岡山池田家，都受到此名句的感召，以此為其私家花園命名。〈岳陽樓記〉這一節的後兩句確實知名，但此節的前兩句也十分重要。第一句的「廟堂」為中央政府官廳，第二句「江湖」則為民間社會。

順帶一提，「江湖」這個詞在現在的日本也常被運用在成語之中。

前兩句所述，「在朝廷為官就為百姓憂慮；不在朝廷為官而處在僻遠的江湖中就為國君憂慮」的意涵，充分地表現出捨己為君、捨己為民的為官情操，將理想的官吏形象表露無遺。名臣范仲淹鮮明的文官形象，正是君民間理想「傳導體」的示範。

但身為官吏，亦為人子。人性本來就不會自甘於作為一條「電線」，只為了傳達天子的電力而感到滿足。像范仲淹這樣的文官，只是少數的「異類」；大部分的官吏都懷抱著物質欲與權勢欲，於公於私，皆汲汲營營於私利的鑽營。

本書對於介於君與民之間的官吏與士大夫，在其所具有兩面性或面臨的矛盾性方面，也有深入的探討。

「國家統治的原理原則」與「人際關係的原理原則」

如「一君萬民」的意涵所示，由君主所制定成型的「古典國制」，要求的是所有的人民「只能」與皇帝之間締結君臣關係。皇帝與人民之間不允許有領主階層的介入。換言之，除了皇帝與人民之間的君臣關係之外，不允許領主與人民之間產生任何形式的君臣關係。不僅如此，一君萬民的原理原則，也不允許官吏階層之間有任何橫向的連結關係。

國家由上而下的垂直統治，一元的君臣關係，直接滲透到社會的末端，所有橫向的連結都被截斷——這就是中華帝國的「國家統治的原理原則」。

那麼人民的反應呢？表面上當然不會抵抗。他們一方面順從地接受這種「國家統治的原理原則」，另一方面則默默地發展橫向關係，追尋在關鍵的時刻可以協助自己的夥伴。

在編戶的社會制度之下，鄉里間的有力人士往往還會另行組織名為「鄉黨」的團體。這些團體基於各種目的，募集有心人士加入。至於脫離編戶的游俠或流民，也會各自組成以集團首領為中心的各式團體。這樣的現象不只發生在民眾階層，原本應該成為「國家統治的原理原則」表率的官吏與士大夫，也各自結合成為所謂的「朋黨」，為了政治利益與生存競爭展開激烈的政治鬥爭。

這種廣泛見於各個階層之間的互惠關係，在「朋友的朋友也是朋友」的概念下，牽起一連串的人際關係。或者成為某個有力人士的手下，形成一種「保護與服務」的關係（一般而言，如保護／被保護，或是主人／食客之間的關係）。這種脫離於國制之外，個人之間的各種關係，從古代至近現代一直都存在。

在本書之中，擬將這種跨越時代廣泛存在的「人際關係的原理原則」稱為「幫眾關係」，並於本書的論述之中加以提出。

「幫」以動詞觀之，可解釋為「幫助」或「幫忙」（中文的「幫助」並沒有日語中加劇「惡事」的意義，屬於中性的用語）。「幫」作為名詞使用，則指個人之間所結成的各式團體，有以地域為號召結合的商人組織（如寧波幫）；也有以特定的目的而誕生的祕密結社（如青幫、紅幫等）。至明清時期，「幫」的說法已被廣泛使用，在現代中文之中也頻繁出現。

中國社會的發展，若在前述「國家統治的原理原則＝一君萬民體制」與「人際關係的原理原則＝幫眾關係」的結構（圖1）下進行分析，有關中國的整體輪廓就較為清晰可見。第一章開始的論述，讀者若能在這樣的框架下閱讀，應能有所收穫。

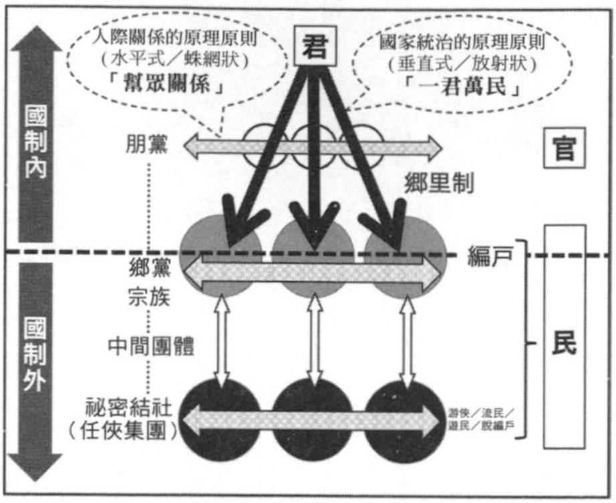

圖1　「國家統治的原理原則」與「人際關係的原理原則」（概念圖）

如前所述，本書將以「古典國制」向「船的世界」波及的過程為主軸；以「民的世界」與「官的世界」的生態為副軸，展開歷史發展的論述。

論述的主軸與副軸，在過去往往被分開闡述，但就歷史發展的現實上來看，兩者之間相互重疊影響的部分其實很多。舉一個比較簡單明瞭的例子，從「民亂的主要發生地」，就能清楚的說明〔圖2〕。

從圖中的分布可以清楚見到，大多數的民亂，都是發生在東方與南方。由於制定出「古典國制」，貫徹一君萬民的國家機構，大多是發祥於西方或北方的勢力。而東方或南方的地域，自然成為被一君萬民的壓力所壓制的一方，當這樣的負擔到了臨界點，反亂自然就爆發出來。

另一方面，以東方或南方為據點的勢力最終統一中國的例子，則十分稀

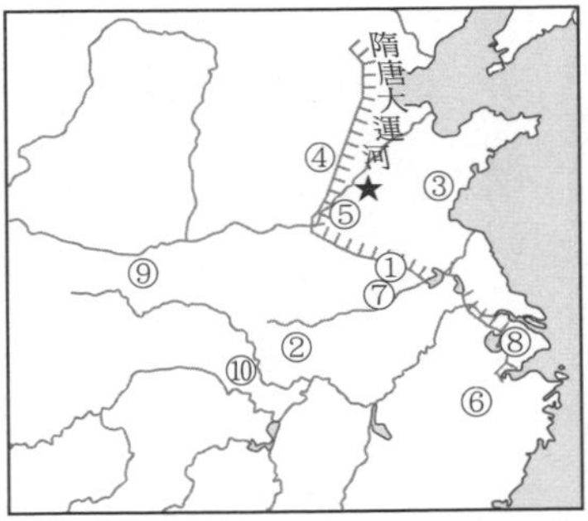

①陳勝、吳廣之亂（前 209 年）
②綠林之亂（17-25 年）
③赤眉之亂（18-27 年）
④黃巾之亂（184 年）
⑤黃巢等民亂（874-884 年）
⑥方臘之亂（1120 年）
⑦紅巾之亂（1351-1366 年）
⑧織傭之變（1601 年）、開讀之變（1626 年）
⑨李自成等民亂（1627-1645 年）
⑩嘉慶白蓮教之亂（1796-1804 年）
★梁山泊

圖 2　民亂的主要發生地（前 3 世紀—19 世紀）

少。其中少數的例子，如項羽的楚（徐州）與孫文、蔣介石的中華民國（南京）等，都屬於短命政權。明（南京）至第三代永樂帝時，就遷都至北京。較為長命的東漢，其政權發祥的南陽郡（河南省南部與湖北省北部），其實更接近中原文化圈的範圍，並非完全的南方政權。

從〔圖 2〕可以觀察到的另一個現象，就是民亂大多發生於大運河或長江流域等水運動脈地域，亦即大多發生於所謂的「船的世界」。在這些經濟流通的要地，往往聚集了大量離鄉背井、無依無靠的打工人。換言之，這些「與一君萬民體制互不相容」的民眾，大多流向東方與南方。

此外，「船的世界」與「古典國制」之間在地理上的關係，隨著時代的遞嬗，有時可能是東－西軸的方向，有時可能又成為南－北軸的方向，並不固定。第一章起，行文之中可能會提及當時的軸線，但無論是東－西軸還是南－北軸，在性質上並無差異，故讀者在閱讀時，可以不用過於拘泥。

致年輕的學子們

本書在一開始設定書系定位時，就決定了「適合大學一年級學生閱讀」的企畫方向。我個人也在地方上的大學任教達二十年，對於學生的變化有許多感想。在讀書傾向上的變化，我大致上有如下的觀察。

在學生之間，一直以來《三國志》都十分受到歡迎。「同志團結邁向目標」的故事主旨，容易讓年輕人與個人的成長過程相結合；進入社會以後，再次閱讀，還能投射出自身對組織興亡的共鳴。

比起前者，喜歡《水滸傳》的學生似乎就比較少一些。各篇故事類似性、重複性較高，整體故事不像《三國志》般，有一個比較明確的主題性，加上登場人物反覆呈現出來的江湖味與野性感，跟現代日本人的喜好也有一段差距。

《三國志》比較適合傾向認同「體制內的理念」的讀者閱讀（尤其是到中場為止），因此可以說與本書所提出的「國家統治的原理原則」的理論脈絡相符。或許多少也反映出讀者在邁入低成長時代，容易對未來感到茫然的日本，渴望遇到一個具有視野、願意獻身（或者說是皈依？）理念與理想之領導者的心境。

但是，《水滸傳》中登場的，卻是對於「體制內的理念」產生困惑、煩惱等各種反應，甚至成為逃離者或反叛者的各種故事。將這些失去依靠的失根者連結出一連串熱血篇章的核心，就是本書所提出的「人際關係的原理原則」。且由於其中人物的行動往往過於破天荒或無跡可尋，才會勾勒出許多「無法預測」的故事。

這些失根者聚集的根據地——「梁山泊」，恰好位於中國的東方，「船的世界」的中心（參見〔圖2〕）。本書所論述的「船的世界」與「民的世界」、「官的世界」中，應該也與《水滸傳》中受到命運擺弄的人物般，同樣充滿了各種抵抗與奮鬥的故事吧。

懷抱煩惱與困惑，在糾結中長大，不時躲在角落感到害怕的當今學生們，對於本書這樣的內容，不知會不會感到有趣或產生共鳴呢？

無論如何，提出空泛的目標，仍不如有實質的貢獻。在完成本書的過程，我不時想到任職學校的學生們的臉龐，衷心希望本書能為他們帶來一些啟發。

第一章

「古典國制」的外緣——漢以前

鴻門宴景區（陝西省西安市）

一、長江流域的諸文化

稻作的源起

在中國還不是「中國」以前，該地域分布複數的文化，這些文化發展出農耕技術，孕育出都市文明，最後衍生出初期國家。

這個過程的基本流程，已在第一卷講述過。本卷的主題，主要以長江流域的諸文化為主，自農耕時期開始的新石器時代說起。

長江，尤其是其中下游流域屬於亞熱帶季風氣候，與乾燥的黃河流域在環境上有很大的差異。與易氾濫、需要治水的黃河不同，長江因為具有無數的支流與湖泊沼澤可供調節，至今仍然是一條十分安定的河川。

因此，相對於「黃河文明」，在長江流域，許多與其性格迥異的各種文化孕育而生。有人將其一概而論為「長江文明」，但這種稱呼容易招致「在長江流域一帶有一種統一的文明存在」的誤解，實際上，是複數的文化存在於此。如中國考古學巨擘嚴文明（一九三二—）所提出新石器時代的八文化區，就涵蓋了長江流域上游的巴蜀區、中游的兩湖區，以及下游的江浙區。

黃河與長江，農耕在各自的流域發展起來的時期皆為新石器時代。以地質年代區分，屬於更新世末期至完新世初期這段時期。大約一萬年前起，長江流域開始栽培稻米，黃河流域開始栽培粟與黍，獨自發展出不同系統的栽種體系〔圖3〕。

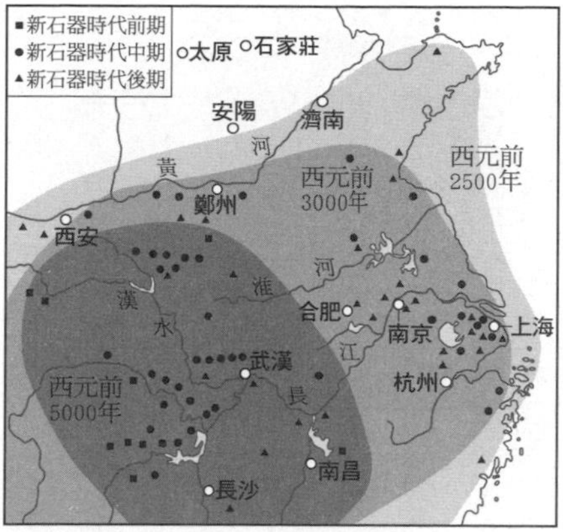

圖 3　稻作的傳播

關於稻作開始的時期，也有許多說法。關於稻作的有力證據，為彭頭山遺跡（湖南省澧縣），按考據該地自西元前七〇〇〇年前就有栽培稻作的紀錄。更早的還有江西省萬年縣的仙人洞遺跡與吊桶環遺跡，吊桶環遺跡在距今一萬二千至一萬一千年前的地層中有野生稻作的遺跡，在距今一萬至九千年前的地層中有栽培稻作的遺跡。此外還有在玉蟾岩遺跡（湖南省道縣），在距今一萬三千年前的地層中所發現的炭化米等，被認為是野生稻作轉變為栽培稻作的過渡期。

稻作的範圍也往北擴展。河南省舞陽縣的賈湖遺跡（前六八〇〇—前五七〇〇年）所發現的栽培稻作，證明了稻作擴展到粟作地區的河南省一帶。稻作雖然需要大規模的灌溉設施與勞動人力，但對於土壤的要求較低，可以連作，加上相對於播種量而言，收穫量更高等優點，被認為是稻作擴展的原因。

過去關於稻作的起源，大多認為是阿薩姆地方（印度東北部），但經由上述的考古學發現，如今長江中下游流域為稻作起源的說法已經成為通說。

社會階層的分化與都市的形成

西元前五〇〇〇年至前四〇〇〇年之間，地球逐漸暖化，稻作範圍也隨之擴大，人口也隨之增加。

但是稻作是很耗時間和精力的作物。開墾、水利、儲備、播種、育苗至收穫這段過程，是一段十分繁雜的日常作業，還要加上祈求豐收或祈雨的儀式，這些過程都需要高度的基礎建設並耗費大量的人力。因此，負責一、勞動力的動員與編成；二、與未知的自然界與人間界的聯繫，這兩種工作的職務，亦即首長制就有了萌芽的雛形。同時，也只有隨著生產力增加，有多餘的資源可以供養這類非生產的階層之後，這類制度才有可能誕生。

首長這種政治中心人物的誕生，加上剩餘的作物累積成為財產，為了保護財產，防禦外敵的屏障，如圍牆或溝濠等設施開始出現在聚落的外緣。如此，長江流域也進入到「社會階層的分化」與「都市的形成」等發展的階段。

此時期，長江中游流域出現了大溪文化，下游流域出現了太湖周邊的馬家濱文化、杭州灣周邊的河姆渡文化等。從這些文化的遺跡之中，出土了大量的稻殼，也可以觀察到灌溉設施。

到了前四〇〇〇年末至前三〇〇〇年，太湖周邊的良渚文化出土了大量的祭壇與墳塚，可見社會階層的分化更為明顯。石製的犁等農具也十分發達。良渚所製造的精巧玉器，廣泛地分布於江西至廣東北部一帶，呈現出在某種程度上統合東南部各文化的盟主型態。

長江中游的屈家嶺文化（前三〇〇〇年前半）、石家河文化（前三〇〇〇年後半）接著誕生。這個地域的圍牆聚落，在較早的彭頭山文化後期的澧縣八十壋遺跡與大溪文化的城頭山遺跡中雖然也曾出現過，但在屈家嶺文化期正式出現完整的圍牆聚落。到了之後的石家河文化期，可以觀察到石家河遺跡中多數的聚落具有從屬關係（聚落間的階層化）。之後初期國家跟著誕生，也是都市國家聯合體的雛形。

西元前三〇〇〇年後半，前述的文化面臨轉機，良渚、石家河、寶墩、華北的龍山等諸文化相繼衰退瓦解，詳細的原因並不明朗。只是，在太湖周邊取代良渚文化的馬橋文化，與良渚之間的關聯性不高，農耕技術也被認為有所衰退，可見兩個文化之間應該存在著歷史性的斷層。

而更為重要的是，在這個歷史性的斷層之間，在中原登場的二里頭文化。如第一卷所說，這個文化可以說是支撐夏王朝存在的有力證據。

這個期間，可以觀察到石製武器、祭祀設施與首長階級的墳塚規模都變大，圍牆聚落增加，聚落之間的聯合體擴張等現象。由此可見，這是歷史上王權與初期國家誕生的重要轉機。自此之後的中原文化，就以前所未有的規模與勢力，將影響力擴張到長江流域。

本書的主題，亦即黃河流域與長江流域之間的「南北關係史」，終於要正式揭開序幕。

與中原王朝的接觸

青銅器與玉器，是二里頭文化（前二〇五〇—前一六〇〇年左右）賜給從屬於旗下的諸聚落，作為威信財象徵的器物。經由這樣的方式，維持聚落間的統合。二里頭文化的器物，不只在長江流域一帶，在華南與越南北部都曾經被發現。

繼承二里頭文化的中原王朝，殷王朝（前一六〇〇—前一〇五〇年左右），也維持這種關係模式。與威信財的下賜相反，來自南方諸國的子安貝，也在二里頭遺跡與殷王朝的墓穴中被大量發現，被認為是朝貢制的雛形（第一卷第一章）。交流不只限於文物，殷王朝的勢力實際延伸到長江中游流域的事實，也隨著盤龍城遺跡的出土而被證實。

西周時代（前一〇五〇年左右—前八世紀前半）的歷代王朝與東方、南方諸勢力的戰爭歷史，可以自金文史料（青銅器上的銘文等）上的紀錄得

圖 4　三星堆文化的金面人頭像

知。交戰對手形形色色，有在之後成為大國的楚，或者是「東夷」、「南夷」、「淮夷」等模糊不明的稱呼。

從二里頭文化至殷周這段時期，長江流域的諸文化開始受到中原文化的影響與壓力。不過，據此認為「夏殷周＝中國統一王朝」這樣的等式已經成立，還言之過早。因為日本的高中生總是拚命背誦「殷、周、秦、漢……」等歷代王朝的名稱，因此成為深植於腦海裡的某種中國歷史觀，但其實這只是秦漢以後的王朝交替史觀的投射。

二里頭文化或殷周的勢力範圍，並未大幅擴張至中原以外之處，在其周邊仍然存在著具有自己獨自特色的文化圈。比如山東的岳石文化（前二〇〇〇年）；四川以獨特的青銅面具而聞名的三星堆文化（前二〇〇〇—前八〇〇年左右）（圖4）。東南方面，被稱之為印文陶的土器則廣泛地自長江流域分布至廣東、廣西一帶。

總之，此時期的中原文化，應該被視為一種較為和緩地統合周邊並列諸文化的一種政治型態。

問鼎輕重

前八世紀前半，西周在異民族犬戎的攻擊之下，周幽王殞命，平王另立於東方的洛邑（洛陽）後，開啟了東周時代。然而東周並沒有統合諸國的實力，於是諸國開始爭奪霸權的春秋戰國之世於焉展開。

春秋時代（前八—前五世紀），周王的權威基本上還有受到一定程度的尊重，在諸國的權力關係之間，掌握軍事權力霸權者成為諸侯會議的領袖，亦即以霸者的身分輔佐周王，對外抵禦外敵（夷狄），逐漸確立這種聯合各國、並不時更新調整的「國際秩序」（這種秩序理念，在後世大多以「尊王攘夷」一詞表現）。

「諸國聯合的內部＝中國」，「諸國聯合的外部＝夷狄」這樣的想法，與現實對照的話，所謂的「中國」即是晉等中原諸國。除此之外，南方的諸

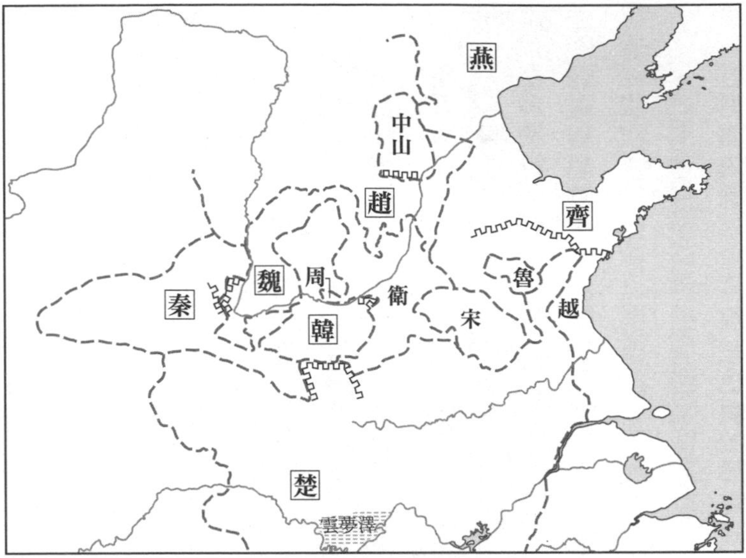

圖5　戰國時代的諸國

國，如楚、吳、越等國則位於模糊地帶。這些南方諸國被中原諸國視為夷狄，自己也認為與中原有所區隔，但又引入漢字文化，書寫國制，有時甚至試圖打入中原諸國行伍，與之爭奪霸權〔圖5〕。

其中，最早積極表態欲爭奪中原霸權的南方勢力，就是長江中游流域為基礎發跡的楚。

楚的北進大約自前八世紀末開始，至前七世紀半左右自稱為王，開始對周中心的諸國聯合強調自己的獨特性。此時的北方諸國由齊桓公、宋襄公、晉文公依序問鼎霸主之位。當然，這之間也帶有對楚強化對抗的意識在內。

至前七世紀末至前六世紀初，楚莊王更加強化對北方的壓力，最後終向周王提出「問鼎輕重」之議，亦即挑戰代表周王室權力的「九鼎」之意，極盡挑釁。楚莊王在前五九七年的邲之戰中，成功壓制中原諸國聯合。楚崛起後，吸收過去殷周王權獨占的青銅器銘文鑄煉技術，作為自己樹立權威的象徵，進一步希望達到挑戰周王甚至企圖與之平起平坐的地位。

臥薪嘗膽

春秋時代後期，前六世紀後半至前五世紀，長江下游流域的吳、越兩個新興勢力，也急速崛起擴展。

此地一般被認為是「被髮左衽」之地，且有「文身」的習俗，原本就具有與中原相異的文化。具有優質的銅礦資源，以鑄劍技術聞名。「干將」、「莫邪」、「湛盧」、「純鉤」、「勝邪」、「魚腸」等名劍之名記於史冊，留名後世。在出土遺物中，也發現越王句踐劍等青銅武器，可見該地域對劍的重視程度。

在太湖周邊興起的吳，自前六世紀半的壽夢開始成長，至孫子闔閭時，起用伍子胥與孫武等他國出身的人才，國力大增，至前五〇六年還曾一時占據楚都郢（湖北省），一舉擴張領地。

只是，值此同時，吳與在會稽（浙江省）興起的越交戰（前四九六年）中，闔閭負傷身亡，開啟了血海深重的吳越之戰。後繼者夫差為了替父報仇，對越發起猛攻，將越王逼迫至會稽並使之臣服。甚至乘此勢進出中原，意圖問鼎中原霸主之位。

另一方面，句踐在經過十餘年的生聚教訓之後，於前四八二年，奇襲酣戰於北方戰線的夫差後方，復仇雪恥（這段從屈服到逆轉雪恥的故事，成為後世膾炙人口的「臥薪嘗膽」的成語典故）。經此一役，吳國力驟減，終於在前四七三年遭越所滅。滅吳後，越的實力坐大，成長為另一個威脅北方諸國的勢力。

春秋時代，長江流域的諸國吸收漢文化，與中原諸國抗衡，進一步嘗試逐鹿中原，也代表挑戰周王朝勢力的出現。有論者將楚莊王，吳王闔閭、夫差，越王句踐等人，納入「春秋五霸」的行伍，換個角度想，是否因為不將其納入反而不妥，故為了某種歷史觀而刻意將之納入？也就是說，這樣的論述未必反映出事實。

長江流域諸國的王者，究竟是打著「尊王」大旗的「霸主」；還是意圖與「周王」相抗衡的「另一個王」？隨著讀春秋史角度的不同，可能會得出差距迥異的結論。

二、「楚」的血脈

楚文化的獨特性

楚地自二里頭文化之後，雖然來自中原文化的影響日增，但也保留住自新石器以來的文化的獨特性。如《漢書》地理志描述，楚地採粗放農業，山林藪澤等天然資源豐富，階級分化也還不分明。當地的信仰被稱為「巫鬼」，以及透過巫術文化（巫師）祭祀鬼神。從秦漢等中原王朝的角度觀之，這屬於「淫祀」，亦即「祭拜不該祭拜之神靈的野蠻信仰」。

在政治制度方面，較為人知的有負責行政和軍政的令尹、左右尹、左右司馬等；負責祭祀的莫囂（莫敖）等獨特的官職名。在曆法與文字方面，楚也有獨自的文化與制度，如使用蟻鼻錢（銅錢）、金版（金貨）的貨幣制度等。

戰國時代（前五世紀—前二二一年）中期至西漢中期之間的「中國」史，是一段西方或北方的秦或漢勢力，將東方或南方的齊楚諸國統合的過程。但這段歷史其實十分艱難，犧牲十分之大。作為被秦漢征服的勢力之代表，在戰國時代的楚國滅亡後，這種「與中原王朝對抗的楚國」的歷史，仍不時重演。

在此我們再花些篇幅，看看在秦漢帝國的「夾縫」之間壯大的——楚的興衰史。

楚簡的世界

如上所述，楚在西元前六世紀末，雖然在吳的猛攻下一時失去了郢，但很快就重整旗鼓，大約在前五世紀就再度往北方擴張，同時也與向淮河下游流域以及山東方向擴展勢力的越國交戰。

進入到戰國時代，與他國一樣，強化王權也成為楚的重要課題。此際，成為焦點的就是對國內的實力階層（世族）的處置。

楚的地方官制，以世族身為封君，擁有世襲支配的領地（封邑），與中央派遣官僚治理的縣並列。世族的封邑與王權強化前線的縣之間，常存在著緊張對立的關係。

此時的晉國，正發生韓、魏、趙三家分晉，齊國也面臨田氏代齊的政爭，世族階層的問題對於各國來說，都成為一個敏感的課題。楚在戰國時代初期，楚悼王任用吳起，希望處理封邑的世襲特權，引起世族反抗，起而攻之，吳起身亡。變法雖然失敗，但也一定程度的削弱了封君的勢力，楚三大姓昭氏、屈氏、景氏最後並沒有威脅到王權。

前四世紀的楚，以郢都為據點，保住了長江中游流域的大國地位。對於這個時期的楚國，一批出土的文物可以作為參考的史料。

一九五七年安徽省壽縣出土的青銅製半截票符「鄂君啟節」，為前三二二

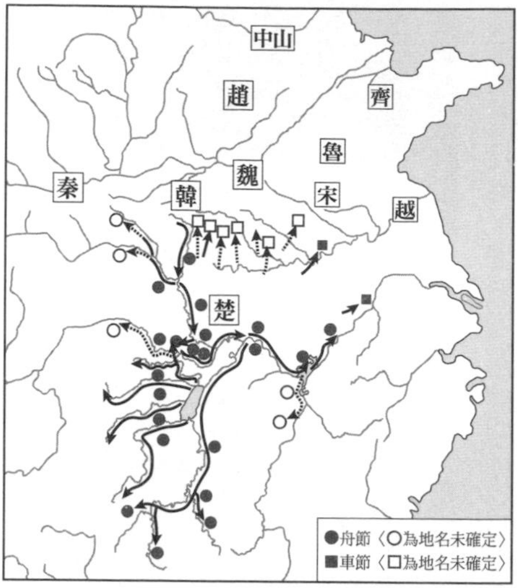

圖6　楚的水陸交通（依照「鄂君啟節」繪製）

年懷王下令製作的交通免稅證。共發現水路適用的舟節二件，陸路適用的車節三件，將上頭刻鑄著地名與交通路線的銘文與現代地名比對後，可以得知楚所設定的免稅交通範圍十分廣泛。說到楚懷王，最為知名的軼事就是不聽屈原諫言，最終為楚亡於秦埋下遠因的楚君，雖然後世多評價其為昏君，但在他統治初期，卻擁有且實質支配橫跨湖北、湖南的廣大領土〔圖6〕。

一九八七年湖北省荊門市出土的「包山楚簡」，為懷王時期擔任左尹的邵舵之墓發現的一批文物。從這些竹簡中，稱為卜筮簡上所見到的占卜的紀錄，可以窺知與被記錄在《漢書》中類似的巫鬼信仰的面貌。文書簡上可以見到與判決相關的內容，可以得知部分楚的地方統治與社會結構。其中最重要的是，判明了戰國中期諸國仍採用縣與封邑並列的統治結構，這與之後推行郡縣制（郡為統合複數縣的上層統治單位）的秦，有了決定性的差異。

一九九三年，同樣於荊門市出土的「郭店楚簡」之中，可以見到如《禮記》的一部分與《老子》等儒家與道家的諸多書籍。差不多同時期，在骨董市場被發掘出來的竹簡，在被上海博物館（上博楚簡）與清華大學（清華楚簡），能找到《周易》（易經）上的未知內容，以及道家、儒家等多數書籍。這些文物的出土不僅是思想史上的重大發現，也能證明楚與他國之間已經具有了共同的文化基礎。

屈原的嘆息

楚懷王時期，是楚國從擴張轉為衰退的轉捩點。讓楚轉為衰亡的要素，就是前四世紀中葉，商鞅變法後，國力大幅強化的秦。

這個時期的諸國關係，已經從西方的秦與東方的六國（韓、魏、趙、齊、燕、楚）對峙的局面。原本國際關係的主軸從南北對抗，往西旋轉九十度，至漢代為止，暫時成為東西對峙的態勢。

秦於前四世紀末至前三世紀初，開始向長江方面揮兵。先於前三一六年攻蜀，將四川全體納入版圖後，就將矛頭轉向楚。前二七八年，攻略郢都，楚的雲夢澤等洞庭湖周邊資源豐沛的山林藪澤悉數落入秦之手，只得東遷陳都，成為以江淮地方（長江與淮河之間的地域）為據點的中型國家。

郢的陷落其實與秦一連串的謀略有關。楚多次中了秦相張儀的計謀，最終由盛轉衰。這段衰亡的過程一直深植在楚人的記憶之中，而代表人物就是屈原（前三四〇—前二七八年左右）。

屈原生於屈氏家族，為楚的三大世族之一。擔任祭祀的莫囂職務，為世襲制的世家。屈原本身也具有濃厚的巫師色彩。也是楚的歌謠《楚辭》的作者之一，是名集楚國文化面與政治面於一身的悲劇人物。

屈原看穿秦國的陰謀，試圖向懷王諫言，卻不被採納。屈原對秦的怨恨與日俱增，之後懷王不聽其忠告前往會見秦王，就此被扣留於秦。頃襄王繼位後，仍然採取與秦妥協的方針，雖遠離屈原，卻無法擺脫秦的鋒芒，最終面臨首都陷落的命運。眼見祖國危頹，絕望不已的屈原，最後投入汨羅江自殺。

屈原與楚王之間的互動，是否全部是屈原一人的行為，其實並無定說。由於楚國內，反秦派與親秦派對立，前者的思想也有可能悉數寄託在屈原身上。屈原與懷王的故事，也早已超越真偽，昇華成為具有現實感的一段歷史，刻畫在楚人的記憶之中，也為後世歷史帶來深遠的影響。

另一方面，秦攻陷郢都後，乘勢進軍湖北湖南，納入領地，設置南郡。但對於具有特殊習俗的楚地，經營卻似乎陷入困境。一九七五年，湖北省雲夢縣出土的《睡虎地秦簡》中的《語書》記錄道，秦的律令難以滲入楚地吏民，楚地仍然保留著舊有的習俗與風土的現象。二〇〇二年，湖南省龍山縣出土的《里耶秦簡》是一批數量高達三萬六千片的簡牘（竹簡與木簡的統稱），其數量之大，至今仍未完全解讀，但其中也可以見到記錄這秦楚之間文化差異的簡書內容。

話說回來，試圖東遷保住命脈的楚，之後的命運如何？頃襄王東遷後任用戰國四君子之一的春申君黃歇（？—前二三八年），拜其為相，之後也被委託治理吳越之地，試圖再扎根基，東山再起。但黃歇卻因政爭遭到暗殺，楚國益發衰弱，最終在前二二三年被秦所滅。

「西楚霸王」項羽

秦一統六國後，秦的中央多數認為「燕、齊、楚地遙遠」，應將東方舊六國地域實行封建分王，但法家李斯獨排眾議，最終，決定全面實施郡縣制。

但如睡虎地秦簡中的紀錄所示，越是試圖實施「郡縣制的一元支配」，越是受到「地域社會的多樣性」所阻，各地因此發生不少衝突。兼併六國的結果，向遠隔的異鄉之地實施徵收等政策，更為反秦情緒添柴加火。於是，秦的天下，僅短短十年就瓦解土崩。

自大澤鄉〔圖2〕爆發陳勝、吳廣之亂（前二〇九年）後，宛如點燃引信般，反秦之火一口氣延燒各地。彭城的景駒、沛縣的劉邦，以及會稽的項梁、項羽（前二三二—前二〇二年）接連武裝舉兵。這些反秦的武裝集團，共通點就是都打著「重建楚國」的旗幟。

陳勝的國號為「張楚」，有採用楚國官制的影子。景駒為楚的名門景氏的後代，這兩個集團雖然很快就瓦解，但劉邦與項羽則是找到楚王的後代，將其擁立為「懷王」，以為大義名分之用。以先王懷王赴秦遇難激發楚人的反秦情感，加上「楚雖三戶，亡秦必楚」這句膾炙人口的口號。項羽與劉邦的勢力，在「懷王的再世」的大旗之下，產生了無比的號召力。

被楚國再建的運動觸發，韓、魏、趙、齊、燕諸國的王統復興運動也陸續興起，天下再回到如戰國之世般的紛亂局面。之後，項羽、劉邦推翻秦王朝（前二〇六年），天下秩序重編成為「十八路諸侯」（十八王國）體制。項羽分封反秦各勢力（如封劉邦為漢王等）與秦的降將等為王，自立於此諸王的頂點，擁立懷王為義帝，自稱「西楚霸王」，掌握實權，試圖復活舊日的封建體制。

正當暴秦瓦解後，「楚人」們醉心於新局的時候，有一名冷靜的謀士看穿這種「舊封建體制」的極限，這名謀士就是劉邦身邊的蕭何。他原為沛縣的官員，本身就置身於秦統治地方的前線。他在劉邦舉兵後一直居於重要的輔佐地位，原本就是秦的地方官的他，選擇投入反秦戰爭，代表他清楚知道秦的統治已經面臨極限。劉邦攻陷秦都咸陽時，他對金銀財寶不屑一顧，反而力保行政運作必要的典籍與文獻。

劉邦應在被分封為漢王（前二〇六年）後，就不再用楚的統治制度，改

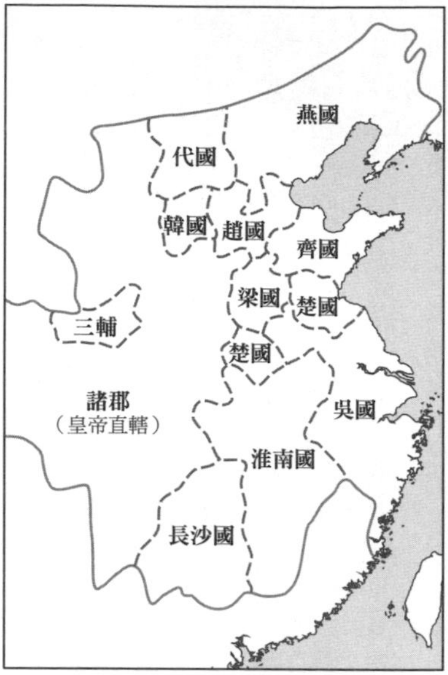

圖7　西漢初期的郡國制

以秦制為主，逐步打造自己的制度。後來，劉邦以關中（咸陽周邊）為據點，與項羽形成對決態勢，史稱楚漢爭霸的這段歷史，則廣為人知。

劉邦在楚漢爭霸中獲勝，前二〇二年即帝位，採行「郡國制」，帝國西半部以首都長安為中心實行郡縣制，東半部則採用封建制，是一種符合現實狀況的折衷方式（圖7）。這種做法可以顧及舊六國人的情感，避免如秦王朝一口氣實施郡縣制後，招致東方舊六國反秦勢力反撲的下場，可說是一種較為軟性的做法。此時被分封在東方的主要功臣，有齊王韓信（後移封楚王）、淮南王英布、梁王彭越等人。

但對於劉邦而言，這種郡國制的體制，其實也僅是一種過渡時期的舉措。就如日本幕末史，「戊辰戰爭」之後，新政府只定都東日本，將舊幕府影響力較大的東日本廢藩置縣，但支持新政府的西日本諸藩國仍然保留，是一樣的概念。由此即可理解漢初郡國制的疊床架屋與不合時宜，削弱東方諸國的力量，勢在必行。但實情卻是，原本看似隨著項羽的戰亡而落幕的「楚國悲願」，同樣也在漢帝國重演。

吳楚七國與《淮南子》

從始皇帝的郡縣制一貫化，到項羽的封建制一貫化，再到劉邦的郡縣封建折衷制的過程，可以得知西方與東方的政治文化之間的隔閡，並非那麼容易化解。

韓信被選為母國楚王的理由，也是因為「熟習楚風」之故。與睡虎地秦簡所記述的時代一樣，對楚人的統治一直是個切實的政策難題。同樣的，從東方移住西方者，也面臨許多不適應的狀況。聽說，劉邦之父因為無法習慣西方的生活，一直希望回到東方的故鄉去。劉邦只好在長安東邊新設一個與故鄉一模一樣的新豐縣，並將故鄉的商人招到此處營商，以聊慰父親的思鄉之苦。

劉邦在建國之初，尊重功臣的功績，將其分封至東方諸國為王，但隨著體制逐漸安定下來之後，就開始著手削減諸王的勢力。

助劉邦打天下的第一功臣楚王韓信，首先被以與項羽的舊臣有所牽連為由，貶為淮陰侯，之後再以叛亂罪名，將其誅殺。其餘諸王也紛紛踏上同樣的命運，被各式各樣的理由肅清。如韓信臨刑前所嘆：「狡兔死，走狗烹。」（作為獵物的兔子死了，作為獵犬的狗就沒用了。）如實地描述了功臣們最後的命運。

將功臣肅清後，劉邦以劉喜為代王、劉交為楚王、劉肥為齊王、劉賈為荊王、劉濞為吳王。將原本的異姓諸侯王，改為劉氏一族的同姓諸侯王的封建體制。如將前田家、伊達家改成島津家，或者將日本全國全部改成松平家般，類似這樣的過程，以日本人的歷史感，可能很難理解其中的難度到底有多大。

即便如此，漢帝國仍然沒有停下中央集權的腳步。五代文帝（前一八〇—前一五七年在位）、六代景帝（前一五七—前一四一年在位）時，中央對同姓諸侯王也開始進行打壓。文帝時代發生的濟北王叛亂（前一七七年）、淮南王廢黜事件（前一七四年）等事件為發端，至景帝時任用鼂錯（？—前一五四年），主導削地減封，造成諸侯王反抗，前一五四年，發展成以吳王（劉濞）為首的吳楚七國之亂。

叛亂很快就被平定，雖然對東方諸侯王的封建仍在，但王的權力被削弱，各國的統治，改為由中央所派遣的相進行實質治理。

至漢武帝（前一四一—前八七年在位）時代，削王減封同樣在進行。前一二七年公布封地由封地的諸子均分的「推恩令」，諸侯國因此越縮越小。加上淮南王劉安的謀反未遂事件（前一二二年），讓中央加緊實施削弱諸侯王的各種政策，最終，諸侯王的自治權力幾乎被削盡，漢帝國至此終於達成真正的中央集權化。

然而就算政治上的統合不停進行，但與東方文化獨特性之間的隔閡，卻並非一朝一夕可以消解。劉安曾召集學者們至淮南國的宮廷，令其以黃老思想為基礎，匯集諸子百家之言為「雜家」，集成《淮南子》一書。另外，山東半島一帶自戰國齊國以來，各地方士大多於此地活動，謂之齊魯方士，他們進獻始皇帝長生不老之藥，向漢武帝展示占卜鬼神之術等。自周代延續下來的「郊祭」祭天之禮，以及天子於泰山「封禪」的大典，也多由方士籌辦舉行。

戰國以來東西對抗的局面，進入西漢之後其實仍在延續。東西方的實質統合還要花上更漫長的歲月，而真正讓東西方文化逐漸踏上統合軌道的，要到西漢後期，漢武帝獨尊儒術之後，才真正有了較大的進展。

長沙國與南越國

至此我們看了以長江流域為主的諸勢力的興亡過程，現在我們再往更南方的地域看。

除了春秋末期崛起的吳越，還有分布在更南方的外族如百越、福建的東越（閩越）、廣東的南越等。戰國末期，秦滅楚後，遣遠征軍南下，征服百越，置閩中、桂林、南海、象四郡。為了確保運兵的兵站發揮效用，打通北流的湘江（長江水系）與南流的灕江（珠江水系）之水路（靈渠），後來成為連結華南與華中重要的動脈。

到了秦末的動亂期，百越的番君（鄱君）吳芮協助劉邦達成霸業。吳芮受封的長沙國，挺過之後削王滅封的風暴，從初代吳芮傳了五代，是漢初命脈最長的異姓諸侯國。

有關長沙國，在一九七二年馬王堆漢墓出土後廣受關注。葬於墓內的女性遺體沒有腐爛，肌膚組織還保有彈性，震驚各界。遺體是長沙國的丞相利蒼的夫人，木俑與器物等陪葬品數量龐大，還有許多美麗的帛畫。

與長沙國南側接壤的廣東地區，在秦末的動亂期，任縣官的趙佗自立稱王，之後受漢的封建成為南越王（前一九六年）。他後來自行採用帝號（武帝），政權達六十年。領域包括南海、桂林、象三郡，橫跨今日的廣東與廣西壯族自治區，君王的家系雖然是漢人，但整體而言屬於越人的政權。

南越國的出土文物也頗為知名。如二代越王文帝陵出土，包覆文帝遺體的絲縷玉衣與刻著「文帝行璽」的金印等，這些可以窺知當時南越國盛世的遺物，也廣受學界關注。

西漢至武帝期後，開始對南越國實施直接統治，前一一一年，征服此地，設置九郡。之後合併東越的福建，將該地的居民全數移居至江淮一帶。

對於南越以及其周邊勢力，漢王朝分別以郡縣制或封建制加以統合。在郡下置郡國都尉，將歸順的勢力加入官僚系統，加以治理。對於封建制的封國，則承認既存勢力的統治權，賜其君主「王」的稱號。這裡所謂的「王」，雖然與宗室諸王屬於同等級的爵位，受到漢王朝直接支配的王屬於「內臣」，事後臣服或者經過追認的獨立國家君主的「王」屬於「外臣」，如此形成以中華為中心的國際關係，這就是所謂的「冊封體制」。

這種統治上的兩手策略，在西漢中期對於西南部（四川省南部至貴州省、雲南省一帶）少數民族的對應屢見不鮮。以武力征服的地域置犍為郡與牂牁郡，同時也承認以「夜郎自大」成語知名的夜郎國（貴州省南部）與滇國（雲南省）的存在。於昆明市出土的「滇王之印」，即是漢帝國與周邊國家結成冊封關係的象徵，與在日本出土的「漢倭奴國王印」具有類似的歷史定位。

三、與「古典國制」對峙的人們

游俠之風

西漢末期至王莽時代、東漢時代這段過程，是中國完成「古典國制」的時期（參見第一卷第四章）。用較長遠的角度觀之，也可以說是從戰國時代之後的王權強化，至商鞅開始推行的所謂一君萬民體制，或是所謂專制國家體制的建構過程。

在這個整合逐漸廣袤的國土的進程之間，發生了無數的對立與妥協。這段過程，不只推動地域上的東西或南北之間橫向的跨區域統合，也推動了官民階層間的縱向統合。如本書導言所述，本書另一個關注的重點，就是階層的統合歷程。本節先行探討至漢代為止，當「古典國制」建構時民間被統合的過程。

一君萬民體制的建構過程，自春秋以來以氏族制解體為主軸開始發展。如前所述，戰國時期的君王大多以削弱氏族制家族階層的實力為施政方向，作為強化王權的當務之急。其中，最著力於此道者，就是採用法家思想的秦。秦在採用法家思想後，徹底致力於排除世族，打造以小農民為主體的平板社會，亦即所謂的一君萬民體制。

在氏族制瓦解後，還產生了其他的現象。那就是大量的游俠（食客、說客等）出現在社會的情況。失去鄉里等根據地的俠士，只能憑藉自己的才能或技能，尋求生存之道。他們的足跡，也為這個流動化的時代注入巨大的活力。

習文之人成為說客，運氣好者受聘於一國一君，發揚理念，推動政治。包括春秋時代帶著弟子周遊列國的孔子，以及戰國時代的吳起、蘇秦、張儀、韓非、李斯等人皆是如此。若是武藝過人，可能受聘為武人、保鑣，或者乾脆加入群盜集團也可以。

以專收「雞鳴狗盜」之徒為食客而聞名、戰國四君子之一的孟嘗君，就是連彷雞叫維妙維肖者，或以竊盜為業者盡皆收留。換言之，只要有一技之長，就有機會在這個亂世之中存活下來。

俠士們各自尋找值得依附的對象，以個人之間的信賴關係為基礎，尋找自己的生存之地。這就是如導言所述的「幫眾關係」之前身。有人尋求各國國王或者戰國四君子之類的強力靠山，也有人透過夥伴內平行的人脈網絡，求一個在亂世中的安身立命之處。他們十分重視這樣的關係，有時甚至為之搏命。「士為知己者死」（《史記．刺客列傳》），這是他們唯一的行為準則。為了朋友，可以傷害他人甚至願意犯法，這種價值觀雖然受到各個時代的執政者所警誡，卻受到社會上的稱許。中國古代史研究者增淵龍夫（一九一六—一九八三）指出，這種重視人與人之間交流的觀念，不只存在於俠士們之間的情感，還擴散到整個社會，形成一種「任俠」的俠義觀。

這種動向，在秦末的動亂時期更加明顯。這些活躍的「英雄」們，幾乎都是擁有這種「游俠之風」的俠士們。項羽軍中的核心，叔父項梁於亡命時代所集結的「死士」（敢死隊），就是這類的人物。劉邦的麾下，除了有張良這種舊六國的望族出身者，也有如蕭何、曹參等曾經在秦任官的官吏階層，也有韓信、樊噲這種出身江湖的人物。劉邦能在身邊召集這麼多樣的人才，也是因為他自己年輕時就是自江湖出身，俠士的特質為他號召各路人才提供了有利的基礎。

漢帝國成立後，朝向一君萬民體制的統合過程中，充斥在基層社會的這種游俠之風並沒有這麼容易消散。地域間的紛爭，不經由法律程序，「結黨尋仇」的例子屢見不鮮。其實就是雇用游俠團體進行報仇的一種做法。就連地方官也無法介入這類私人恩怨的私法制裁，地方秩序大多由在地域上有聲望的游俠們進行維持與掌控。

著述《史記》的司馬遷，將這些地方上的頭目之中，特別有名的朱家、劇孟、郭解等人寫入〈游俠列傳〉之中，雖然認為其行為並不正義，但仍承認這些人「言必信，行必果」，當朋友有難時，不惜性命也會捨身相救。《史記·刺客列傳》中刺殺秦始皇失敗的荊軻，也具有同樣的游俠之風。「游俠之風」也是貫穿整部《史記》的中心思想。東漢時期所寫成的《漢書》批評司馬遷所撰述的《史記·游俠列傳》為「退處士而進奸雄」之作，兩相對照，差異明顯。這是因為司馬遷所身處的西漢中期，仍留有戰國的遺風，與獨尊儒術後的班彪、班固所身處的東漢前期，價值觀已經有了轉變。

商人的足跡

從氏族制轉變為一君萬民體制的過程，活躍在國家體制外的勢力，並非只有游俠，還有商人。他們的足跡，也值得追溯。

戰國時代起，商業交易變得旺盛，經由遠方或外國的交易（玉、葡萄酒、馬、毛織物等）而致富者開始出現。刀錢、蟻鼻錢等青銅貨幣也通用於各國。將秦推上大國地位的關鍵人物呂不韋（？—前二三五年），就是這個時代具有代表性的富商巨賈。

但巨商的出現，對以農本主義為中心思想的法家，以及其所倡議一君萬民體制的思想而言，卻是一種十分忌諱的現象。故秦漢時期的商人政策，是以抑制為基本方針。商人不只須在公設市場的名單上登記（登記市籍），也只能在公設的市場營業。

到了西漢中期，希望控管商業的國家，以及希望自由貿易的商人與富裕階層之間的緊張關係變得劍拔弩張。漢武帝時代因為連續對外征戰，國庫逐漸枯竭，中央政府為了重建財政並籌備軍費，對財政政策的態度轉為積極。而位居前線的，就是被稱為「酷吏」的張湯（？—前一一六年，關於酷吏之後另述），以及商人出身的桑弘羊（前一五二—前八〇年）等人。

首先，為了增加國家的收入，實施賣官或賣爵的制度。之後推行「算緡」的新稅制。算緡是按照財產的多寡進行課稅，其中對商人所設定的稅率特別高，很明顯的是一種抑商政策（前一一九年）。加上之後推行的告緡令，獎勵密告他人隱瞞財產。被密告隱瞞財產者，會受到沒收財產等處分，造成許多中產階級以上的商人近乎破產。

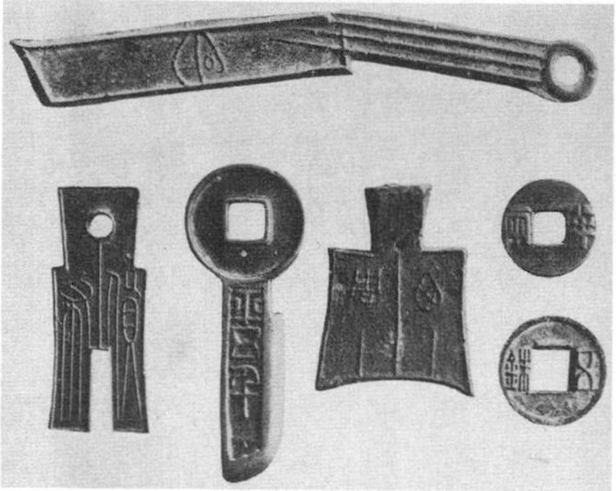

圖8　古代的貨幣

另一方面，漢帝國還實施鹽鐵專賣（前一一九年），均輸平準法（前一一〇年）等政策，不只能增加稅收，還能經由政府對流通經濟的積極介入，獲得一定程度的經濟效果。其具體的內容已經在第一卷第三章敘述過，本書則主要探討這些政策背後有關「國家與民間的競爭關係」的面向。

漢帝國中央雖然授權讓地方官府調度物資，但因為向中央輸送物資的工作大多交給行商處理，因此常常發生最終的賣價被哄抬現象。因此，桑弘羊等人，將地方物資輸送到中央的改成國營事業，即為均輸平準法的精神內涵。這樣的政策背後，其實涵蓋了法家社會編成論中「均有無而通萬物，民不益賦而天下用饒」（國家權力介入經濟，可以抑制因為過度競爭而造成社會的裂解）的思想。

但這樣的積極財政也招致不少批評。其中爭議點最為明確的部分，記載於前八一年鹽鐵會議上的紀錄《鹽鐵論》之中。鹽鐵會議是桑弘羊等政府代表，與統稱為賢良、文學等地方代表之間，共計六十餘名於宮中召開的會議。「與民爭利」正是後者對於前者的鹽鐵專賣政策提出的主要批判，用現在的角度來說，就是「國營事業化會壓迫民間營利的機會」。

賢良、文學等社會賢達會提出「與民爭利」的批判，與當時的社會背景與時代狀況有很大的關係。為了釐清會議的爭論點，將焦點轉向當時的農村社會，即可窺知一二。

豪族的抬頭

漢帝國基本上是繼承了自秦以來，以小農民為中心的法家治理思想。但鼂錯與董仲舒（前一七六—前一〇四年左右）曾指出土地兼併的弊害，可見西漢中期，擁有大片土地的「豪族」（豪強）勢力有了明顯增長的問題，逐漸浮上檯面。武帝初期的抑商政策，也讓富商將其資產轉而投資至土地，造成豪族土地的擴張。

之後，為了壓抑豪族而打壓豪族的官吏，就以「酷吏」之名登上歷史的舞臺。「酷吏」是對於追求一君萬民體制的過程之中，代表官方官吏的一種形容。他們對於可能擴大農村貧富差距的豪族，以各種理由實施財產沒收或者誅滅全族等嚴酷地打壓。在地域社會中，「酷吏」與「豪族」的對決，直到東漢的史書之中仍多有記錄。

另一方面，對於豪族而言，無論是積極財政或是酷吏打壓這類國家權力的介入，都是相當排斥。他們最為支持的，就是放任財政的政策。

這樣的主張與觀點其實也不僅止於富裕階層。「鼓腹擊壤」（鑿井耕田者不知自然，鼓腹擊壤者不知帝力）形容傳說中的聖王堯的時代，雖無音樂，但人民以腹為鼓，樂在其間，後世用以形容太平盛世的景象。可見，傳統的價值觀認為「人民並未意識到國家權力的存在，卻能保有安定的秩序」才是所謂的治世。出席鹽鐵會議的賢良、文學等人士，就是繼承這種價值觀的人物，換言之，他們也可以說是具有豪族利益代言者的性質，這也是「與民爭利」的論述提出的背景。

雖然會議之中賢良、文學的論述占了上風，但其主張只停留在政策批判階段，無法提出有效的對策方案，因此除了酒的專賣最終被廢止之外，政府的積極財政路線仍然堅持了下來。

但豪族的成長在會議之後仍然持續。西漢中期以後，察舉制度實施，地方上具實力者有了推舉入京的管道，任官的豪族也開始在政府內構築勢力。加上察舉的依據為是否具有孝廉、賢良等儒家的傳統素養，因此在西漢後期，儒家的理念開始滲透到基層社會，這樣的現象，與政府中央儒家官僚的崛起，幾乎在同一個時期發生。

於是豪族們又變身為以儒家理念指導地方社會的人士。吸收窮民，兼併土地，以家族與隸屬的民眾為主體，展開大面積土地的經營，雇用稱之為客的遊民層鞏固土地周邊（亦即擁有武裝組織），逐漸成長為在基層社會執牛耳的階層。農村內部大多是小農民，這些人在營生的同時，也與周遭的豪族之間有或多或少的依附關係存在。

豪族與小農民，以及豪族與地方官僚之間的關係，在史書上雖然大多呈現出來的是競爭與對立的關係，但也不能忽視這些群體之間互相依存的部分，以免以偏概全。近年出土的石刻資料上也可以發現到，豪族認為地方官處理貧富差距的問題所提出的政策是善政，而加以連名出資、甚至建立彰顯碑文的實例。由此可見豪族並非完全以追求利益為導向。從這些新出土的紀錄可以窺知，這些地方豪族，除了維持基層社會整體性與長期性的發展運作之外，也不時與國家機構衝撞或妥協。

南陽劉氏的東漢建設

豪族們的影響力，在兩漢交替的時期更加強化。其中最重要的主角，就是以景帝為先祖的漢宗室分支，在南陽郡逐漸形成豪族的劉氏一族。

王莽政權從西漢篡奪帝位後，改革失序，造成天下大亂。湖北爆發綠林之亂（一七年），山東發生赤眉之亂（一八年）。南陽劉氏以劉玄（更始帝）為主導，與綠林勢力聯手，攻打長安，推翻王莽政權。劉玄被殺後，劉秀（光武帝，二五—五七年在位）繼位，正式開啟東漢王朝，不久後，平定各方勢力，天下歸一。

東漢的創業集團成員大多出身南陽郡。南陽郡位於東西南北交通上的要衢，加上許多富商皆分布於此地，如西漢時代經營製鐵業的孔氏，以溜池灌溉開發新田、販賣商品作物致富的巨商樊氏等。劉氏的霸業，很大一部分也是靠南陽的經濟所支撐。

東漢的政治，常常考慮到豪族的利益，因此也被稱之為「豪族聯合體」或「地方的時代」。儒教與察舉制度在社會扎根，人才從地方流動到中央的現象，也為後世帶來深遠的影響。

東漢時代，地方上也開始出現學習儒教的官方或民辦學校，許多年輕人到各地的學者門下學習，產生了穩固的師生關係。這些學生開始嘗試邁向官僚時，在察舉的階段，與決定錄用自己的考試官同樣會產生堅定的從屬關係，在通過察舉任官後，在職務工作上也會互相幫忙。他們在任官的官府內，與重用自己的上司之間也會產生緊密的關係，在職務調動後，仍看到許多相互幫助的例子（「故主—故吏」關係）。

東漢的官僚之間就在這樣的過程形成鞏固的「幫眾關係」，這種派閥政治一直延續到之後宦官外戚權力鬥爭的時期。但這類的政治派閥，對於希望集權於自身而重用宦官的皇帝及其身邊專權的宦官而言，並不樂見。因此最終以「朋黨之罪」為名進行打壓，接連發動「黨錮之禍」（一六七、一六九年），以鎮壓官僚對時政的批判。

地方的時代

豪族的經濟基礎，與西漢一樣都以大面積的土地所有權為根基。雖然與西漢相比，貨幣政策衰退，但東漢崔寔在記述農家一整年歲時生活的《四民月令》中，描述了農民不只種植穀物，還栽植穀物以外的多種作物，並將其加工、商品化的過程。也有越來越多豪族至郊外的山林藪澤周邊開墾，經營大規模的莊園經濟。

但是，東漢時代的農民，生活卻常受到水災、乾旱、蝗害與地震的侵襲。尤其是黃河與濟水的水患，因東漢時期華北平原人口增加，因此造成的災情十分慘重。防災對策有時由中央主導，有時則在地方官的主導下進行。如王景（廬江郡太守）鑿開汴水以為支流，分黃河之水，或開芍陂以為溜池灌溉之用等，即為知名的例子〔圖9〕。

在兩漢交替期之間，許多人民為了遠避中原的戰亂，遷居於吳越一帶。吳越也在任延、樊曄等地方出身的官員主導下，逐漸獲得發展。順帝（一二五—一四四年在位）期間，會稽郡太守馬臻開鑿鏡湖，開發良田沃土達九千餘頃（約四萬公頃）。自春秋末期的吳越爭霸起，吳越人也開始積極地記錄身邊的歷史，寫下了如《吳越春秋》、《越絕書》等史書，也可以視為地域意識的萌芽。江南也在這樣的過程之中逐漸發展，比起西漢末年，東漢時江南一帶的人口從二五〇萬大幅增加到六二〇萬，北與南的人口比例，也從西漢時期的五比一，到東漢時期的二比一。

圖 9　芍陂（安徽省壽縣）

始於漢代的地域開發，許多是由地方官員所主導。許多史料都記錄了地方官員積極扶植民生、維持治安、整備基礎設施的事蹟，功績卓著的太守或官吏會賜與「良二千石」（優良郡太守）的稱號或牌坊（二千石為郡太守的俸祿額，之後成為郡太守的通稱）。

後世，進入科舉的時代之後，為了防止地方官與赴任地之間的關係過深，設了許多防範的制度，就此，地方官成為「候鳥」官吏，對民生的關心變得淺薄。故漢代一般被認為是「地方政治的理想時代」。當然，其中還是存在著無數的酷吏與豪族的對立，但與兩漢前後的時代相比，漢代地方行政確實較具機能，國家機構與基層社會之間的關係也較為密切。由本書以下的記述，各位讀者應該就可以知道，在中國的歷史上，這其實是種極為罕見的政治型態。

與南方、東方的擴大接觸

西漢武帝的時代起，與南方關係的擴展，仍然延續至東漢時代。武帝時代征服越南北部置九郡後，就納入西漢的統治下。東漢初期，交趾郡太守與原住民（駱越）之間的對立加深，進而發生徵氏姊妹（徵側、徵貳）之亂（四〇—四二年）。周邊各部族起兵響應，亂事擴大，後遭東漢名將馬援平定。東漢建國伊始南方的情勢仍然不安定，之後還陸續發生了西南諸夷的叛亂（四二年）與南方武陵蠻之亂（四七年）。

之後，隨著北方、西方局勢的安定，漢帝國與夫餘、高句麗、倭等東方諸國的關係也有所開展。史書中記載，西元五七年，光武帝末年，倭國的朝貢使節來訪東漢；一〇七年，倭國王帥升率使節前來朝貢。

二世紀時，東南亞的港都撣國（今緬甸一帶）與葉調國（印尼附近）也前來朝貢，西方的天竺使節於一五九年及一六一年來訪；一六六年羅馬皇帝馬可斯・奧勒流・安東尼・奧古斯都（大秦王安敦，Marcus Aurelius Antoninus）之使節，來訪日南郡。

正如居住於埃及一帶的希臘商人所著述的印度洋航海紀錄《厄特里亞海航海紀行》（*Periplus of the Erythraean Sea*）所述，自這個時期起，以印度洋為航路的東西方海上貿易開始興盛。一世紀左右於湄公河三角洲建國的扶南國外港俄厄港一帶，曾出土羅馬帝國二世紀的金幣，以及來自印度的佛像、印度教神像等。羅馬帝國向東漢派遣的使節，應該也是取徑印度洋海域，由扶南國北上的路線。

第二章

「古典國制」的繼承——六朝至隋唐

石頭城（江蘇省南京市）

一、南方眼中的《三國志》

漢帝國的落日

持續四百年的漢帝國，至三世紀初逐漸崩垮。相對於大陸，此時日本列島上的諸勢力正邁向統一發展。卑彌呼代表倭國遣使節來朝貢，但實施冊封的王卻為篡奪漢王朝的魏（二三九年）。繼承卑彌呼的臺與，所朝貢的對象又變成篡奪魏國的西晉（二六六年）。

漢帝國崩解的餘波不只影響日本列島，對周邊地區也造成很大的影響。剛好三世紀到六世紀時，地球正迎向寒冷期，居住於內陸的游牧民族開始向溫暖的地區移居，進而與周圍的農耕世界產生衝突。這類的狀況不只發生在漢帝國，羅馬帝國等歐亞大陸東西方的國家，無不陸續面對。

在這漫長的混亂期之間，於王莽朝至東漢間完成的「古典國制」又將由何者加以繼承？在第一卷時已經提過，「古典國制」的形制之後主要由西晉、北朝、隋唐的順序加以繼承。但另一方面，對於孕育於漢代的傳統文化，由中原延續至江南地方的「六朝」（吳、東晉、宋、南齊、梁、陳六國的總稱）的人民，更認為自己才是傳統文化的繼承者。本章主要的目的，就在於進一步探索這段過程〔表1〕。

東漢滅亡後，漢分裂成曹魏（曹氏）、蜀漢（劉氏）、孫吳（孫氏）三國，此即知名的三國時代（二二○—二八○年）。本節首先探討三國時代的動向。

熟讀《三國演義》的讀者也感受得到，這個時期中，武人與文人之間的關係變得十分重要。武人是靠著「武藝與俠氣」，從社會的底層或邊緣往上爬升，進而擁有自己的兄弟或軍隊的領袖。文人則是以地域社會為根基的豪族知識分子，具有儒教的素養及政官界良好的人脈關係。前章所述的劉邦集團，也是武人與文人的結合體，自漢帝國四百年的國祚以來，文人與地域社會的盤

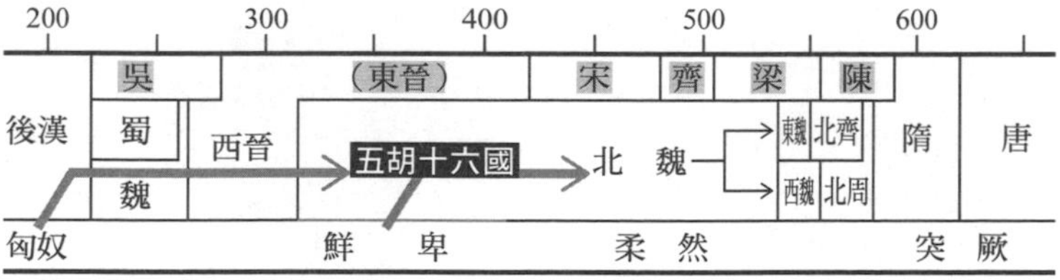

表1　魏晉南北朝的興亡略年表

根錯節變得更為深厚。

漢帝國這座原本不動如山的宗廟宮室土崩瓦解後，「武人的衝撞力」與「文人的安定性」的組合，貫穿整個魏晉南北朝，驅動著時代巨輪前進。

兩者的結合之中，最具代表性的例子，就屬劉備與諸葛亮（一八一—二三四年）的關係了。原本只是一個向心力較高的集團領袖劉備，從諸葛亮身上所獲得的，不只是「天下三分之計」這條妙計而已。諸葛亮背後其實代表著他身後的荊州（湖北、湖南）文人知識分子與豪族階級。因此，劉備得到諸葛亮的首肯出仕，其實意味著得到他背後的文人與豪族的支持。

東漢末年的荊州，在長官劉表的主導下，學校的擴充與文化的振興持續發展，逃避戰亂的文人，許多避走荊州，進而形成被稱為荊州學的學派。活躍於《三國演義》之中的司馬徽、徐庶、龐統以及諸葛亮等人，都是與劉表或多或少有所關聯的學派分支。換言之，在與劉表宴飲時，發出「髀肉之嘆」的劉備，在對諸葛亮行「三顧茅廬」之禮後，等於成功獲得荊州文人與豪族對此喟嘆的回應。

這個時期的人們，地域社會對自身的評價——鄉論——對他們而言，十分重要。若在某個地域獲得某種評價後，無論好壞，都將成為流通全國，甚至跟隨一生的「證照」。如曹操具有過人的識人之明，因此許劭稱其為「治世之能臣，亂世之奸雄」，並據此獲得發跡的機會。又如劉備，因為將在荊州的鄉論中具有「臥龍」之稱的諸葛亮納入麾下，取得了發展勢力的基石。

劉備集團之後向益州（四川）擴大勢力，雖然將益州豪族納入政權之內，但卻難以克服其外來政權的弱點。在魏篡漢稱帝後，蜀漢為了與之對抗而建國（二二一年），也是打著再興漢室的大旗，以維持國內的向心力。但在創業功臣一個個迎向天命之後，接班第二代中以荊州出身者占大多數的政權中樞，因為無法消弭地域社會之間的隔閡，終於成為三國之中最早被魏合併的政權（二六三年）。

孫吳政權的成立

《三國志》之中，另一個雄霸一方的英雄，出身自江南一帶的孫氏，原為吳郡的下層豪族。孫家在東漢末年的動盪期，於孫堅一代逐漸嶄露頭角，但與初期的劉備集團一樣，還只是未獲得有力豪族支持的任俠集團，只能轉戰各地，以求戰功。至兒子孫策時，與周瑜、張昭等來自北方的豪族交好，其弟孫權又吸收了陸遜等江南的有力豪族或魯肅等新興富裕階層後，才逐漸確立穩定的政治基礎，最終邁向孫吳的建國。

孫吳在赤壁之戰（二〇八年）中擊敗稱霸中原的曹操後，原則上確立了與蜀漢同盟，共同對抗曹魏的方針。過程之中，於建業（今之南京）築石頭城（本章章名頁），城內還打造了連結吳郡的水路網。孫權即帝位的時間為二二九年，與其他二國相較晚了許多年，但在建國以前建設此地的整備工作，早已進行了多年。也為建業打下了成為江南重鎮的基礎，一躍而成歷史舞臺上的六朝首都。

孫吳的勢力，是以吳郡四姓（陸、顧、朱、張）與會稽四族（虞、魏、孔、賀）等自北方來渡以及江南的豪族所募的私兵為主。因此孫吳的體制也是以保障這些豪族的利益為出發點。比如承認軍團世襲的出兵制，以及提供軍團的經濟基礎的奉邑制等。

近年，隨著相關文物的出土，讓孫吳的制度更加明朗。一九九六年，近十萬片簡牘於湖南省長沙市發現，此即「走馬樓吳簡」（圖10）。其中文字紀錄的簡牘約有七萬六千片，紀年大多為嘉禾年間（二三二—二三八年）。現在公開的內容雖然只有一部分，但大致上分為租稅關係、戶籍關係以及官方公文書等，之中涵蓋了許多關於田制、稅制、軍制以及與這些制度相關的地方行政機構與家族制度的豐富資訊。

由這些簡牘的分析可知，在國家行政的末端機構「鄉」之下，還有「丘」這個特殊的行政單位。此外，稅收的費用名目與徵收制度、中央主導運送軍糧的指揮系統、就荒制度等，都獲得進一步的釐清。

湖南省在進入二十一世紀後，在走馬樓附近就發現了西漢、東漢的簡牘；在龍山縣發現了前一章所介紹過的里耶秦簡；在郴州則陸續發現了吳

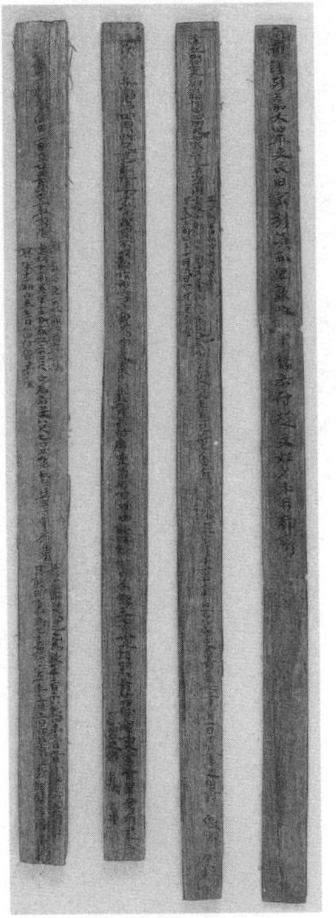

圖 10　走馬樓吳簡

簡、晉簡；在益陽市發現了跨越楚、秦、漢、吳這些時代的簡牘。可見，有關「南方歷史」研究的全新篇章，其開展之日應已在不遠的未來。

孫吳與蜀漢雖然是軍事色彩濃厚的政體，但同時也孕育出許多優秀的學者與文人。如孫吳韋昭的《吳書》、謝承的《後漢書》、《會稽先賢傳》；蜀漢譙周的《蜀本紀》、陳壽的《三國志》、《益部耆舊傳》、《益部耆舊雜記》等正史或者母國的地方史等，陸續問世。吳郡陸氏一門的陸機、陸雲兄弟，在吳投降於晉後，仍然是江南一帶知識分子的代表，名聲甚為響亮。

孫權的國際戰略

以長江以南為根據地的蜀漢與孫吳，對於分布在南方山岳地帶的少數民族，皆是繃緊了神經。諸葛亮在北上與司馬懿所率領的魏軍決戰之前，為了無後顧之憂，曾經遠征貴州、雲南一帶。《三國演義》中「七擒七縱孟獲」的軼事就是來自這段歷史。小說中雖然加油添醋了不少，但對於蜀漢而言，對西南諸族的統治，確實是重要的課題。

另一方面，孫吳在統稱為山越的少數民族之間，同樣存在著巨大的摩擦。由於當時的農耕技術無法將江南三角洲的低窪地帶變成耕地，因此漢人殖民者的開發只好向山間地帶發展，從而接觸到山越的領域，讓雙方的衝突日漸加劇。

以「文明」為背景的開拓勢力，就此闖入了原住民的生活圈。就跟其他的案例一樣，之後會發生的事情可想而知，孫吳也不例外。武力鎮壓、強制移居、強徵勞力等。雖然歷經幾番苦戰，但孫權對山越的掃蕩仍然執行得十分徹底。

孫權與山越苦戰之事，也傳入曹操耳中，因此暗中支援、煽動山越，試圖擾亂孫權的後方穩定。當然，孫權也非省油的燈，與遼東的公孫氏、朝鮮半島的高句麗交好，不時威脅曹操的後方。

江南和遼東半島與朝鮮半島之間的海上交通，其實十分興盛。孫權與公孫氏及高句麗的關係，就是他們之間有所往來的最初期的紀錄。首爾特別市的夢村土城、風納土城、江原道原州市的法泉里遺跡，都出土過會稽郡的特產品，三國—東晉時代的陶磁器（青磁）。逐漸可以證明江南與朝鮮半島的貿易關係，在這個時期已經相當普遍。

孫權的視野也向南伸展。東漢末年起交趾郡太守士燮統治越南北部，名義上臣服於孫吳，呈現半獨立國的狀態。這一帶有來自中國的流亡知識分子，也受到印度的文化影響，絕非所謂的邊境未開化之地。士燮死後（二二六年），孫吳派遣交州太守呂岱，以武力征服此地。

孫權還遣使節至南方的扶南與林邑，使兩國向孫吳朝貢。此時，身為使者被派遣到東南亞各地的朱應、康泰等，將見聞著述成書，如《扶南異物志》、《扶南土俗》、《吳時外國傳》等，讓孫吳的高層能夠確實的掌握南方的資訊。另外還向東方派遣調查團，探訪「夷州」、「亶州」（有說法指夷州為臺灣，亶州是種子島或菲律賓等，但皆無確證）。

可見，孫吳不只與西邊的蜀交盟；北與遼東、高句麗；南與東南亞；甚至連向東方也嘗試開拓外交，是一種以孫吳為中心，大格局且全方位積極開展的外交政策。這是「江南立國的定海神針」，東晉南朝、五代的吳越國、南宋、甚至南京的國民政府都繼承了這條路線（明初徹底實施海禁的南京政權則為例外）。

在這樣的國際觀之下，孫吳成為三國之中佛教最為鼎盛的一國。如與中亞的大月氏有淵源的支謙，為了避中原的戰亂移住孫吳，受到孫權的重用，在佛典的翻譯上十分活躍。生於交趾，粟特血統的印度商人之子康僧會訪吳時，孫權特地在建業築建初寺迎接他。此外，羅馬帝國的商人秦論前來交趾，也曾至建業朝見。由上述這些紀錄可以得知，孫吳與海洋世界之間的關係十分密切。

如上所述，以江南為根據地的孫吳，具有廣闊國際觀，並據此展開其獨特的國際戰略。

魏的司馬懿在五丈原與諸葛亮僵持至其病歿後，回馬槍先征服遼東的公孫氏（二三八年），此後魏與朝鮮半島的來往變得容易。卑彌呼遣使節團朝貢魏國（二三九年）一事，孫權應也瞭若指掌。

二、江南的「中華王朝」

東晉—江南的流亡政權

中國史料上關於日本列島的記述，自臺與的西晉朝貢至倭五王再次朝貢之間，有大約一百五十年的空白。這段在日本史上被稱為「空白的四世紀」的期間，大陸正值動盪不安的階段，呈現北半的五胡勢力，與南半的東晉王朝二分天下的對峙狀態。

晉於二八〇年滅吳後，本應統一全國，卻因為分封各地的宗室諸王內鬥（八王之亂，三〇〇—三〇六年），以及之後發生的匈奴反亂（永嘉之亂，三一一年），造成國力傾頹，短期間內就走向滅亡。

此時的關鍵人物就是瑯琊王（司馬睿）。他於三〇七年以來鎮守江南，故未被捲入中原的戰亂。永嘉之亂中愍帝被殺後，瑯琊王於建康（建業於西晉末改名為建康）即帝位，即晉元帝（三一八—三二二年在位）。此後，以建康為都城，延續晉室國祚的王朝史稱「東晉」（圖11），以與之前的統一王朝「西晉」區別。

中原在此之後進入五胡十六國的動盪期，中原的漢族，不只王朝中樞，連民眾也大量往南遷徙。這波據說高達九十萬人的人口空前大移動，使得原本人口不多、還處於發展階段的江南地方，面臨了原先居住在此地的南方人與南遷而來的北方人之間關係高度緊繃的態勢。如前述的吳郡四姓等，原先就在南方經營許久的有力豪族，勢必受到北方王族南遷的衝擊。

巧妙地化解南北衝突之難題者，是輔佐元帝的王導（二七六—三三九年）。王導在剛成立不久的東晉政權之中，建立了以北方有力豪族為中樞，將在地的江南豪族置之於下的體制。對此不滿的江南豪族自然存在，也發生過叛亂，王導將之離間、懷柔，逐漸確立了北方人居於優位的統治體制。

圖 11　建康水路遺跡（南京市，六朝博物館）

王導是出身於山東半島瑯琊郡的豪族。魏晉南北朝這段時期，如瑯琊王氏這樣的豪族在中央擔任高官的地位是世代世襲，這種保有家格與勢力的豪門大氏，正是時代的主角。因此，中國史研究家習慣將他們稱之為「貴族」（或稱士族、仕族等，詳情後述），瑯琊王氏以及之後的謝安、謝靈運出身的陳郡謝氏（陳郡為現在的河南省），都是具有最高位家格的門閥貴族。

流亡政權的掌舵

東晉是一個具有流亡政權特性的政體，以復興被五胡勢力奪取的中原故土為國是。移住民也是以暫時避難的心境南下江南。因此東晉政權，也為此設了許多當未來收復故土時，方便回歸故鄉的行政制度。比如將來自徐州的移住民遷至一個假設的「南徐州」（謂之僑州、僑郡、僑縣等），在戶籍上這些移住民屬於「白籍」（暫時戶籍），與正規的戶籍「黃籍」區別，不需要負擔正規的稅役等。

在與北方對峙的局勢中，建康所在的長江下游流域，以及以江陵、襄陽為中心的長江中游流域就成為戰略上的要地。因此重兵大多部署在這兩個地帶，但此兩處與建康朝廷之間的關係十分微妙，也成為東晉政治史上紛亂的主因。

紛亂的起始，為負責長江中游流域的王敦之亂（三二三年），以及駐守江淮間的蘇峻之亂（三二七年），這些亂事幾乎都讓建康被攻陷。亂事平定之後，東晉在京口（或曰廣陵）設置長江下游流域的軍事據點，稱之為「北府」；江陵（或曰武昌）設置長江中游流域的軍事據點，則稱之為「西府」。

四世紀中葉，負責西府軍的桓溫（三一二—三七三年）滅四川成漢國，並進軍攻掠洛陽，創下空前的軍功，並據此露出覬覦帝位的態勢，但卻在事成之前病歿，東晉的命脈得以延續。

之後為政權掌舵的謝安（三二〇—三八五年），與瑯琊王氏同樣是名門豪族，政策上除了守護門閥貴族的權益之外，還重視與西府的桓氏之間關係的協調，東晉自此迎向了一個比較安定的時代。同時，謝安的姪子謝玄，在淝水之戰（三八三年）中擊退了統一華北後舉兵南下的前秦苻堅，讓謝氏的聲望如日中天。

但謝安歿後，東晉因宗室（瑯琊王）的司馬道子與司馬元顯父子專權，以及孫恩的五斗米道教團之亂（三九九年），國力日衰。之後，與司馬道子對立的西府桓玄（三六九—四〇四年）舉兵造反，建立桓楚（四〇三年），東晉自此走上衰亡之路。

鎮壓孫恩之亂、桓玄之亂，進而掌握實權者，就是北府將軍劉裕。劉裕之後進而攻略山東、洛陽、長安等，立下空前的軍功，之後據此功績使晉恭帝禪讓，代晉稱帝，建立劉宋（宋武帝，四二〇—四二二年在位）。劉宋建立後不久，北魏統一華北一帶，開啟了南北朝時代。

宋與南齊——南朝前期

劉裕從一介寒門（下級世族）從軍，立下汗馬功勳後，最終成為皇帝。東晉時代，仍常見王敦或謝玄這些出身貴族者從軍，進而立下軍功的例子；但自劉宋建國以後的南朝各王朝，寒門出身的武人立下軍功後掌握實權，進而建立新王朝的例子卻是屢見不鮮。換言之，以實力主義往上爬的寒門與下級世族，與既得利益者的門閥貴族之間的對立，成為南朝政治史的基本調性。

宋的政治在三代文帝（四二四—四五三年在位）的時代逐漸穩定下來。文帝振興農業，減輕人民負擔，使社會邁向小康，史稱「元嘉之治」（元嘉為宋文帝年號）。但文帝晚期，北魏統一華北後，對淮河以南的壓力日增，加上文帝被皇太子所暗殺（四五三年），使得盛世的光彩逐漸黯淡。

孝武帝（四五三—四六四年在位）掃除皇太子一黨後，廢除統籌中央政府政務，同時也是貴族制核心的錄尚書事，縮小地方官的權限，設置徵稅監督機構（台使）等，試圖強化皇帝的權限。但由於之前的內亂鬥爭仍有不少後遺症，讓宗室間的報復此起彼落，政府也因此難以取得實質上的安定。

在北部戰線與禁衛軍團的歷練中壯大的蕭道成，逐漸掌握實權。加上宋的宗室之間為了爭權自相殘殺，以致後代凋零，不久後，蕭道成篡宋，改元齊，史稱南齊（四七九年）。

蕭道成（齊高帝，四七九—四八二年在位）與劉裕同樣是出身寒門的武人，寒門階層的抬頭，在南齊時代依舊持續。齊在高帝與二代武帝時政治比較安定，但之後與宋相同，都陷入宗室內部的權力鬥爭，政治並不安定。其中尤以六代蕭寶卷（東昏侯）的殘暴政治為甚，終招致反亂。南康王蕭寶融聯合蕭衍舉兵，攻入建康，打倒蕭寶卷政權。之後蕭寶融登基，為齊和帝，但因蕭衍軍功最高，不久即讓位於蕭衍。新王朝梁，於焉成立（五〇二年）。

梁與陳——南朝後期

蕭衍（梁武帝，五〇二—五四九年在位），出身自南齊宗室的旁支，在身旁輔佐他的范雲、沈約等也是寒門出身者或是長江中游流域的豪族。他們在建康建五間學館，導入儒教學養考試，讓出身寒門階層的學子也能透過考試升為官僚。同時，他們也注重與瑯琊王氏之間的聯姻，與門閥貴族之間保持良好關係。

武帝為南朝之中在位最久的君主，長達半世紀之久。其間，對官制、律令、禮儀、音樂等多方面進行制度上的改革（天監的改革），強化對地方官的監察，並實施減稅。

武帝本身也是一名十分富有學養的文化人，在南朝各代皇帝之中可謂獨樹一格，使得六世紀前期的建康宮廷迎向南朝文化史上的鼎盛期。武帝還是名虔誠的佛教信徒，不只在個人信仰方面，在國家禮儀上也採用了佛教的要素，如祭祀祖先時不用葷菜改採素菜等，推行了許多遵行佛教做法的大改革。

但武帝後期的治理，開始出現陰影。在貨幣經濟不安定的時期，為了試圖重建財政而發行鐵錢（五二三年），反而讓混亂加劇。然而武帝卻像是為了逃避現實般，一頭鑽入佛教的世界，自稱「捨身」，入寺出家。出家之後，自然無法履行皇帝政務，群臣只好向寺廟捐獻高額的金錢，以求讓武帝「還俗」。這樣的戲碼武帝至少上演了四次，過度的崇佛讓國家財政逐漸傾頹。

在武帝的統治末期，又發生了一個動搖王朝整體的大事件。北朝東魏降將侯景發動侯景之亂，包圍建康（五四八年），攻城戰歷時五個月後城破，武帝被俘。武帝被關入牢內後，未充分獲得食糧，衰弱而死。

侯景侵略江南一帶，獲得不小的權力，但後來被屯駐在長江中游流域的湘東王（蕭繹）所派遣的王僧弁、陳霸先所敗，最終戰死。

湘東王見建康一帶已經化為焦土，於是在江陵即位，為梁元帝。但與其他諸王對立，號令不出。最後被接受北朝西魏支援的岳陽王（蕭詧）所殺，江陵城中近十四萬卷的書籍被焚毀（五五四年）。

之後宗室諸王仍與西魏、北齊等勢力聯手，互相鬥爭。最後，平定戰亂的陳霸先接受敬帝的讓位，於五五七年建立陳國，即位為陳武帝（五五七—五五九年在位）。

但長江中游流域受到西魏、北周扶植的蕭詧政權「後梁」，仍然主張梁王朝的存續，陳只是統治長江下游流域的小國家。之後北方的北周與北齊合併，開始以壓倒性的兵力覬覦南方。繼承北周的隋文帝（五八一—六〇四年在位），終於起兵南伐，於五八九年攻陷建康，結束約二百七十年的南北分裂局面，統一天下。南朝最後的王朝陳，僅傳了五代，國祚三十餘年。

東晉南朝的世界

東晉當初以流亡政權為起點，試圖再建一個統一的王朝，但自四世紀半以後，逐漸在江南生根，認清這個既成事實後，便開始調整其相關制度。

桓溫於三六四年、劉裕於四一三年所實施的「土斷」，即為將前述的白籍與黃籍，也就是移住民與先住民的區別取消之政策。在軍事編成方面，取消原本由江南移住民世襲擔任軍務的兵戶制，改為白籍、黃籍皆須服兵役的徵兵制。這段轉換兵制的過程，從東晉一直改革至宋孝武帝時代才大致完成。由此可知，政府從政策面上正試圖消弭北方人與南方人之間的隔閡。

與周邊地區的關係，雖然在東南亞的林邑、扶南不時因為地方官的榨取而與統治者發生對立，但基本上仍維持著朝貢體系。此外，東晉還於三八六年冊封了百濟。

到了五世紀的南朝時代，「江南政權」的特質更為鮮明。

宋文帝大幅度介入山岳地帶少數民族（蠻）的居住地，就史書上的記載至少就有十八萬人以上遭到俘虜。蠻族民悉數被納入戶籍，接收的土地被編入州縣制，讓原本相對於蠻族在南方屬於少數的漢人殖民者，逐漸擴張了自己的領域。

文帝於四四六年以武力征服林邑且加以冊封後，東南亞的島國也陸續前來向宋朝貢。

北方方面，北魏的太武帝大規模發動南征後，淮河以南逐漸受到侵犯。面對此狀況，宋孝武帝於四五九年，將包含建康在內的揚州定為王畿，並改革國家儀禮（孝武改制），以適應新的情勢（參見一一二頁）。以此昭告天下，建康已不再只是個寄寓地，而是中華的中心、天下的中心。

換言之，雖然北方的威脅仍在，但如今中華的中心已轉移到江南，對內同化原住民族，對外呼籲海外諸國前來朝貢，試圖創造出新的「華夷秩序」。

至於六世紀的國際關係，梁元帝蕭繹所編纂的《梁職貢圖》，正是絕佳的參考史料。圖中描繪了向梁朝貢的各國使節，並附上題記（解說文），記錄了滑國（嚈噠）、波斯（薩珊王朝）、天竺、高句麗、百濟、斯羅（新羅）、倭等各國使者的模樣。該史料的使臣圖與題記為一套，當前有各種摹本留存於世，典藏於北京中國國家博物館中的為北宋摹本。近年，於二〇一一年所出土的清張庚摹本，於題記中發現未知的逸文，引發不少討論。

這些圖中描繪了穿著「民族衣裳」，拿著朝貢品而來的使者們，其中倭國的使者為裸足，衣著也十分簡陋〔圖12〕。但因為倭當時並未向梁朝貢，因此推論此圖應該是梁依照前朝的情報與傳聞所繪。

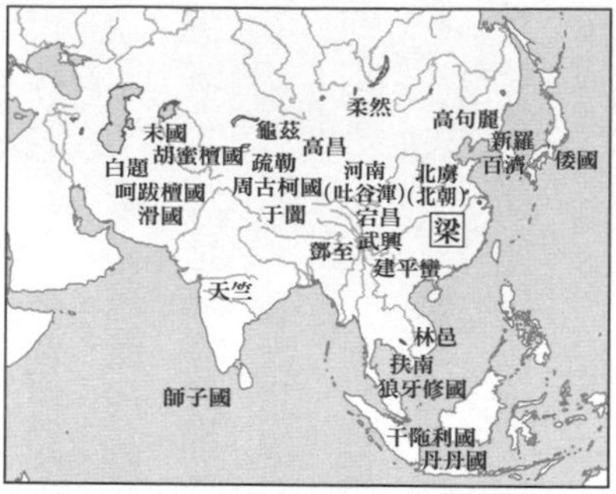

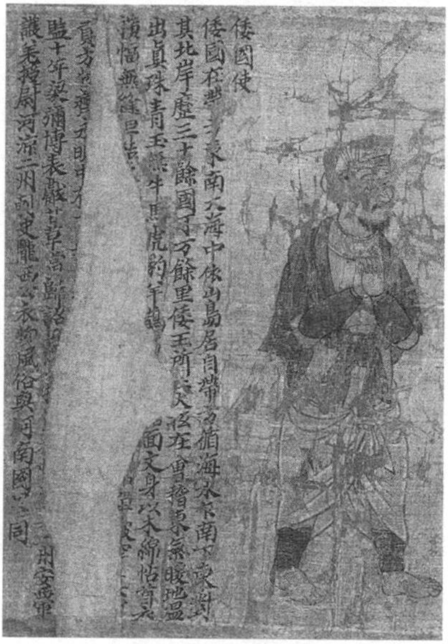

圖 12《梁職貢圖》
當中所記載的諸國與倭國使者。

另外，關於內亞胡蜜檀國的題記中，可以見到該國使者稱呼梁武帝為「揚州天子，日出處大國聖主」。由西方國家的角度而言，位於東方的梁確實位於「日出之處」，這樣的記述也讓人聯想到日本派遣的遣隋使對自己的王所自稱的「日出處天子」的軼事。另外，以「聖主」這個具有佛教濃厚色彩的名詞稱呼武帝，也引發學界的議論。

不只胡蜜檀國，五至六世紀時期，佛教於歐亞大陸的東方廣泛傳播，對各國之間的外交關係也帶來很大的影響。對中華王朝而言，也陸續出現了梁武帝、隋文帝及武則天等對佛教傾心的皇帝，他們甚至還積極利用佛教的影響力進行統治。之後，佛教與以儒教為基礎的冊封體制並存，在歐亞大陸東方的人際交流活動中，成為很重要的兩個根基。

古代倭國與東晉南朝

本節在起始處有提及，中國史料之中，關於日本列島的紀錄，於三世紀後半至五世紀初期這段時期幾乎是一片空白。這段期間，剛好是國際情勢激烈波動的時期，朝鮮半島上，高句麗征服樂浪郡、帶方郡，統一半島北方

（三一三年）；南方的三韓諸勢力中新羅與百濟抬頭，呈現三國鼎立的局勢。日本列島則進入巨大古墳時代，與朝鮮半島的接觸日漸頻繁。當然，衝突也隨之增加。倭國在高句麗所立的「廣開土王碑」，間接記錄了倭國於四世紀末在朝鮮半島的軍事活動。

半島三國之中，高句麗以向東晉南朝朝貢為基本方針；但五世紀以來也開始同時向逼迫其西境的北魏朝貢。百濟於四世紀後半起向東晉南朝朝貢，新羅則於四世紀後半向前秦（華北）實施朝貢。

比朝鮮半島諸國稍晚，倭國於五世紀也重啟對中華王朝的朝貢。最初的紀錄為四一三年倭王讚的遣使，因為時間點上與敵對的高句麗同時，因此也有一說為高句麗所遣的偽使，但並無確切證據。具有確切紀錄的朝貢，則為向甫建國的宋於四二一年所遣的使節。

建立宋的劉裕，在東晉時代的四一〇年滅了南燕，將山東半島納入勢力範圍後，朝鮮半島與江南之間，可以經由遼東、山東兩半島間的海路直接聯絡。換言之，高句麗與之後倭國與中華王朝之間的朝貢活動，等於重新利用了二百年前孫權的海上交通路線。

倭國對南朝的朝貢，自宋起始，至之後的南齊為止，歷時約六十年，遣使節約十次左右。這段期間同樣都受封倭國王的爵號，屬於中華冊封體制的一員。同時，也針對在倭國及朝鮮半島的軍事指揮權的象徵的稱號如「都督」，或者被冊封者之間的「將軍」稱謂的高下，與宋以及周邊各國進行外交地位的角力周旋。

倭五王時期，朝貢的最後紀錄為倭王武遣使之後的隔年，即四七九年宋更迭為南齊後，南齊對周邊諸國將冊封體制中的爵、都督、將軍等稱號重新授予時，倭王武的名字也位列其中。但由於四七九年的遣使在史書中並無記載，因此原本推測此次的冊封是在倭國無朝貢的狀態下，南齊單方面的行為；不過在前述於二〇一一年出土的《梁職貢圖》中，四七九年時倭國使節在列一事，已獲得證明。

但四七九年之後，倭國的朝貢確實陷入停滯。除了倭王權自身陷入不安定的局勢之外，北魏占領了山東，阻礙了向南朝出發的朝貢船的行進也是原因。換言之，朝貢的停止，可以推測是倭國內部因素與國際間各種局勢的變化下，所造成的結果。不過南朝的梁，在建國之後，倭國使節未前來朝貢的狀態下，仍然冊封了倭國，以及《梁職貢圖》中關於倭國的記載仍然在列等事例觀之，當時的倭國應該仍然屬於冊封體制的一員。

換言之，倭國自身絕非故步自封的性格。這個論點，從進入六世紀之後仍然維持著與朝鮮半島的交流，以及積極自百濟輸入佛教及其他文物等作為，都可以獲得證明。

三、六朝的貴族們

貴族制社會的起始

二〇一九年日本發布的新元號「令和」，出處為《萬葉集》卷五〈梅花之歌〉第三十二首的序文：「於時初春令月，氣淑風和，梅披鏡前之粉，蘭薰珮後之香。」這種以古典為根據創造新詞彙的風氣，成為近年來日本人茶餘飯後的話題。應已有不少人知道，此文中所描寫的舞臺為大宰府的梅花宴，而大宰府的梅花宴則是以王羲之〈蘭亭序〉所描寫東晉時代的曲水宴為範本；另一方面，此文也同時摹寫了昭明太子《文選》中所收錄的張衡〈歸田賦〉中的詞句表現：「於是仲春令月，時和氣清。」可見，古代的日本貴族們，也是以漢文古典中的文字為線索，將其帶入自己所身處的時空之中，加以敘景或抒情，以為雅興。

六朝文化的典雅世界，讓古代日本的貴族們心神嚮往。以自古代以來不斷積蓄的漢文底蘊詠嘆江南山水所誕生的作品，跨越了國境，深深地打動日本貴族們的心靈世界〔圖13〕。

圖13　〈蘭亭序〉神龍半印本（部分）

而孕育出這種風雅的六朝文化的六朝貴族們，都是怎樣的一群人呢？在此之前，我們先再次整理六朝的政治情勢與社會狀況，以便理解。

六朝時代，是寒門出身的新興武人階層，以軍功為基礎，接連建立新王朝的時代；但相對於此，貴族、豪族則長年占據朝廷的高官，維持著自己的家道，冷眼看著這些短命的王朝不停更迭。

如前章所述，豪族的抬頭始自西漢後期。到了東漢時期，有些豪族所擁有的土地已經遠超過私有土地的範圍，開始具有「領主」的傾向，但最後，他們終究無法成為真正的「領主」。在中國一君萬民的體制下，農村裡小農民的地位十分重要，這些豪族終究無法任意對這些小農民進行直接的統治。

另一方面，在豪族與國家的關係上，豪族大多希望利用察舉制度，往仕宦之路發展。換句話說，豪族也經由向國家權力靠攏，以維持自己的地位。不同於西歐中世的領主階層，對自己所擁有的領土具有完全的支配權力，得以拒絕國家權力的介入或向國家權力供應資源財物。

後來，當中央政界發生黨錮之禍後，這些遭受波及的官僚，只好解官還鄉。他們批判把持朝政的宦官為「濁流」，並以「清流」自居。這些人雖然為大土地的所有者，但並未化身為具支配性質的領主，而是重視自身在地域社會所累積的聲望（鄉論），憑藉文化上的威信，保持自身的地位。這些豪族歷代世居朝廷高位，個人名聲與家族聲名逐漸遠播，到了六朝時代，就形成了所謂的「貴族」階層。

這些貴族對上依附於國家權力所賦予的官名職銜；對下則在以小農民為主體的地域社會所獲得的聲望（鄉論）為基礎——形成一種中國社會特有的「擬似領主的中間階層」，故中國史研究者稱之為「貴族」。

九品官人法

話說回來，本來應該無法「世襲」的官位，豪族們又是如何世世代代加以繼承的呢？其中的關鍵，就在於東漢末年的魏王國於二二〇年所創設並沿用下來的任官制度「九品官人法」（九品中正制度）。

在這個制度之中，所有的官職都被賦予從一品到九品的官格。官員的任用，由中央派遣名為「中正」的官員，至各地舉才。中正根據地域社會的輿論（鄉論），選出有潛力的候選人，並加以評定等級，此處獲得評定的等級稱為「鄉品」。被評為「鄉品二品」意味著「此人最終預期可以升到二品官」。鄉品也與初任官的官職有關聯，通常以鄉品低四等的官位開始任職，故「鄉品二品」一開始的官職為六品官，最後預計將會升遷到二品官。

但所謂的鄉品的評等，所看的通常不是本人的才學，大多是以此人的出身背景加以判斷。若是王氏或是謝氏這樣的門閥貴族子弟，通常會直接被評定為「鄉品二品」（一品為禁忌，鄉品通常最高被評定為二品），其下的鄉品也大多以家格為基準。換言之，鄉品最終轉化成為家格的指標，進而成為支撐貴族勢力的制度。

隨著九品官制的常態化，百官的價值除了有「官品的高下」之分外，還有「官品的清濁」之別。亦即，同樣是五品官，會出現被評為「鄉品五品」而任職在其仕宦途上最終階段的官員，以及被評為「鄉品二品」甫任職於其仕途階段的官員。前者大多為下級貴族出身的年長官員，後者則為門閥貴族出身的年輕官員，同樣是五品官，其背景其實有很大的差異。前者被稱之為「濁官」（地位卑下的任官者），後者則稱之為「清官」（貴族出身的任官者）。如祕書郎、著作郎這類文雅且不須負擔實務工作的官職，大多為清官；而業務繁忙且實務工作多的官職則大多由濁官出任，其中所橫陳的貴族思想可見一斑。以現在日本企業的職務加以對照，可以說擔任總務工作或會計工作的部門，其出人頭地的機會，遠不如管理公司資料或編纂社史的這類職位。

當然，以瑯琊王氏、陳郡謝氏為頂端的這種體制，也招致很大的反彈。宋以後寒門出身者的抬頭就是最直接的反撲；而梁武帝的官制改革，則是將官職進行實務導向的調整。

但是門閥貴族的權威自非一朝一夕可以動搖。王謝家這種最上流的門閥貴族（甲族）與居其次的貴族（次門），以及庶人出身、勉強擠入行伍的寒門之間的差別，可謂天差地遠。甲族階層甚至會以家格的差異，而拒絕與皇帝一族的子女聯姻（大多是因為認為皇帝一族的家格不如自己的家格）。宋文帝時的徐爰與南齊武帝時的紀僧真，雖然成為皇帝的重臣，但因為身分為庶人出身，還曾遇到門閥貴族「割席」相待，不願與之同席的窘況。

但就整體情勢而言，一直至隋唐時代，皇帝權力都試圖壓抑貴族的勢力；並持續強化不問出身、選賢與能的方針。也因為六朝貴族最後未朝向「領主化」發展，使得自戰國時代起逐漸定型的一君萬民體制，得以一直延續到清朝末年。

江南的開發——第一發展期

隨著中原大量的人口移入，以及六朝各政權陸續將國都置於江南等因素，使得江南地方獲得前所未有的開發與發展。

在被稱為「行主」的指揮者的帶領下，自中原地方遷入的移住民維持原本居住地的社會關係，移居至江南。前面也已經提及，這些移住民被安置居住在所謂的僑州郡縣，所持有的戶籍「白籍」也屬於暫時戶籍。

江南地方的三吳（吳郡、吳興郡、會稽郡）等太湖周邊至杭州灣一帶適合耕作的丘陵地，大多已經被原來就居住於此地的豪族所擁有。北來的集團中移居到這些地區的人，不少人成為這些先住豪族的私有勞動力，協助豪族在這一帶的開發。

北來集團之中，也有人避開先住豪族的土地，選擇居住在其周邊的廣陵（長江北岸）與京口（長江南岸）等長江與淮河之間的地區。其中有不少落腳此地者，仍維持著南遷時原本的集團體制（這些人之中大多屬於較為重視北方防衛問題的人士，也是東晉時代北府的主要戰力來源）。

這個時期的開發工作，因為技術上的限制，無法克服江南三角洲低濕地帶的問題，因此丘陵地、扇狀沖積地、山間地帶為主要的開發方向。開發時的基礎設施，如灌溉水路、蓄水池、堤防等，大多在地方官的主導下建成。隨著施肥與農業技術的進步，水稻已達一年一作，也導入麥作。梁朝宗懍所著《荊楚歲時記》為理解六朝時代的江南農村的絕佳史料，書中以歲時記的形式記錄了這個時期的年中行事與風土習俗。

以丘陵地為主進行開發的時期，可以稱之為六朝時代江南開發的「第一發展期」。

大土地的持有分為各種形式，其中有集結小規模分散土地的型態，也有除了田地之外還往周邊的山林藪澤進行開發、將之包圍而形成巨大莊園的樣態。山林藪澤之中可以捕獲鳥獸，也能種植果樹與養魚，還能生產炭、紙、陶磁器等加工產品。貴族們在莊園內設置「屯」、「傳」、「邸」、「冶」等設施，進行物資的開採、儲藏、加工以及販賣等作業。他們販賣這些生產出來的資源，獲得利益。但其實，山林藪澤原本是歸屬於皇帝所有的土地，屬於漢代掌管帝室財政的「少府」所管轄。六朝時代起，貴族在土地私有化的過程中，也將原本這些禁忌的空間納為己有。

採自山林藪澤的商品廣為流通後，商品經濟也在社會成為經濟活動的常態。但政府除了對此進行納錢等課稅之外，並未針對經濟活動發行鑄造錢幣作為因應，造成原本的錢幣不足，偽造貨幣（私鑄錢）橫行的狀況。後來，梁武帝雖然發行鐵錢，卻讓貨幣制度更加混亂。

另一方面，政府對於貴族擁有大片土地的狀況，也實施了占田制（限制田地與土地）等政策，以限制貴族獨占山林藪澤的現象，但卻因為有許多開脫的管道，效果不彰。田地、土地、山林藪澤的占有，貨幣的私鑄等現象，可以間接證明六朝時代皇帝的實質權力有一定程度的衰退（不過，從小農民到大土地的所有者，都在編戶制度之中，且必須繳付戶調、田稅、口稅米等稅收，顯見六朝的貴族與歐洲、日本等具有拒絕國家權力介入與拒絕向國家供應資源的莊園領主，有著很大的不同）。

六朝文化

南北朝的分裂，不只在政治上，也造成文化差異的擴大。研究魏晉南北朝的朴漢濟（一九四六—）指出，北朝為「胡漢體制」，南朝為「僑舊體制」。北朝是北方的游牧文化（胡）與中原的漢文化（漢）的交會，南方則是中原的移民（僑）與原本就居住在江南的居民（舊）的邂逅。換言之，於南於北，都發生了本地文化與外來文化相互融合的現象。

東晉雖然於建康設太學、國學，作為傳承漢代以來的學問傳統的學校，但因為門閥化固定之後，效果並不彰。隨著獨尊儒術的瓦解，三國時代興起的玄學（尊崇《周易》、《老子》、《莊子》「三玄」的學派）於東晉南朝時代也持續發展，並在宋文帝所設的四學館（儒、玄、文、史）中，成為一門獨立的學問。梁武帝在太學與國學之外另設五經館，為該館出身的學生開啟一條任官之路，也在家格主義所主導的九品官人法之外，另闢一條用人舉才的蹊徑。

儒術不再獨尊後，道教、佛教等也獲得相應的進展。道教方面，陶弘景（四五六—五三六年）於茅山（江蘇省）隱居，集茅山派（上清派）之大成。他也擔任梁武帝的諮詢顧問，並著有《真誥》等多部書籍。

佛教則是南北朝時期，廣泛滲透於皇帝與貴族階層的信仰。法顯（三三七—四二二年）自印度經海路回到東晉（四一三年），真諦（四九九—

五六九年）於五四八年來訪建康後從事佛經的翻譯等，這些經由海域來往的交流仍然興盛。但同時，也因為佛教為外來宗教，教義或是國家政治的態度往往成為被攻擊的標的。其中尤以佛僧到底該不該對皇帝行禮之類的論爭，屢次發酵成為不小的問題。相對於佛教在北朝朝向「國家佛教」發展的方向，南朝則是以廬山（江西省）的慧遠（三三四－四一六年）等人所主張，佛教應該重視戒律，與國家權力保持距離的觀點為主流。

六朝的文化，可以說是貴族的學養與江南的山水交融孕育而生的結晶。而將這樣的六朝文化充分體現的文物，就是書畫詩文。東晉的王羲之（三〇三－三六一年）、王獻之（三四四－三八六年）父子為書法藝術的開山祖師。繪畫方面，顧愷之（三四八－四〇九年）的作品遍及人物畫（〈女史箴圖〉）、寓意畫（〈洛神賦圖〉）、山水畫（〈廬山圖〉）等多樣的範疇。活躍於東晉末年至宋間的陶淵明（三六五－四二七年）、謝靈運（三八五－四三三年）等人，寫下了許多如〈歸去來辭〉、〈山居賦〉等歌詠江南自然景致的詩文。梁代的昭明太子所編的《文選》為此時期重要的詩文選集，文學論方面，劉勰的《文心雕龍》開啟文學評論的新章。這些六朝的文化，也遠播古代的日本，對當時的日本文化界產生很大的影響。

中華的正統

六朝時期，是史上「中原誕生游牧民族政權之後，江南之人以中華文化繼承者自居」這樣的認同首次誕生的時代。這樣的認同不只發生在分裂時代如南北朝、金宋對峙的時期，在統一時代的隋唐，元、清都仍然存在。「北方在政治、軍事上占優勢時，南方就以經濟、文化加以對抗。」其實，一直到近現代，仍然觀察得到這種情勢。

「以文化上的正統性對抗軍事占優勢的勢力」這種模式，古今東西皆有實例。在中世紀以後的基督教世界中，是羅馬教皇對羅馬皇帝（所代表的世俗權力者）的體制；在伊斯蘭世界中，則是哈里發（真主繼承者，Caliph）與蘇丹（國王，Sultan）的形式；在日本，則是天皇與幕府的關係等。相對而言，中國這種軍事權力者位居最高位的統治方式，其實是較為少見的型態。因此，在中國，代表文化正統的士大夫，其對於軍事權力者的應對進退，就變成一個十分敏感的課題。

六朝時期，這種對抗的形式，存在於皇帝（武）與貴族（文）之間，也存在於南北的政權對抗之中，因此狀況更顯得複雜。前者之間的關係已經於前節貴族制的文章說明過，在此節我們進一步探討後者的關係。

如前所述，東晉南朝是以回復中原故土為國是，但這樣的方針在中後期已逐漸轉換，開始了「江南政權化」之路。但是即使執政者承認了「江南政權」的現狀，但絕非肯定自己已經敗退成為「地方政權」的事實，作為「正統的中華王朝」、與北方爭奪政治正確性的這一點堅持，始終不容退讓。

因此為了讓自身的政權具備「古典國制」繼承者的要素，東晉南朝也下了許多功夫。

首先重視的是與周邊諸國的關係。其中尤其以東南亞諸國及朝鮮半島諸國、倭國等這些可以經由海域接觸到的國家為主，敦促它們前來朝貢，並加以冊封，以維持中華天子的高度。

另一個在江南之地君臨天下的手法，就是將首都「王畿化」（四五九年）以及「創設禮樂制度」。雖然在東晉時代，禮樂的重建就一直受到討論，但因為戰時體制的關係，要直接繼承漢魏以來的傳統顯得困難重重。直到宋孝武帝時，禮儀方面才仿照東漢的禮制，音樂（雅樂）則導入部分江南音樂的要素，加以重新「創造」出新的禮樂制度（參見九四頁）。

禮樂制度至梁武帝時，進一步與《周禮》等儒家古典整合。於是梁朝等於跨出了「江南邊境性」的局限，打造出一個不遜於傳統的正統中華王朝。

武帝還設置宗廟、社稷、南郊、北郊等禮制設施，同時也積極建設宮殿或佛寺等，以強化建康作為一個國都的威容。此時期在建康郊外還設有貴族

圖 14　東晉時代的建康城

的宅邸或別莊，使得都市圈擴大到都城周邊，人口估計已超過百萬。在吳、東晉初期還是一個地方都市的建康，到了六世紀已經成為一個代表「天下的中心」的世界級都城（圖14）。

其實，所謂「古典國制」的細節內涵，自從三至四世紀的戰亂中一度斷絕之後，大多已被六

朝歷代政權所重新「創造」出來的傳統所取代（或曰「繼承」）。南朝的禮樂制度，在強調與古典的連續性的前提上逐漸重建，隨後也被北朝所模仿，並承接延續至隋唐時代。

南朝文化對北朝產生關鍵性影響的契機，在於北魏孝文帝於五世紀末所推行的漢化政策。孝文帝從平城（山西省）遷都至洛陽（四九三年），令派遣至南齊的使者仔細考察建康的都城規畫，並據此改造洛陽城。同時，還大幅任用來自南朝的王肅、劉昶等知名的流亡知識分子，讓他們參與改革，廣泛吸收宋、齊的儒術學說。南朝所創造出來的雅樂，在後梁的沈重的引介之下，也被北周的宮廷音樂制度所參考，並成為之後隋朝樂制的基礎。

南北間的文化隔閡隨著北方的漢化活動不斷累積而逐漸消弭，天下也再次逐漸走向一統。

四、隋唐帝國與江南

醉心江南的煬帝

六〇〇年，倭國自倭王武以來，時隔約一百二十年，再次派遣使節團遣隋。對倭國而言，這是首次向北朝系統的王朝朝貢的經驗。此時接見遣隋使的皇帝，為消滅陳朝，剛完成南北統一大業不久的文帝（五八一—六〇四年在位）。文帝重視以首都大興（長安）為中心的關中地方的態度十分明顯，他將已成無主之城的建康徹底破壞，將陳國的皇帝（後主）帶到長安軟禁。其優美的詩文雖然流傳至北方，但建康已經淪為一個小規模的都市，要到十世紀的五代十國的南唐時代，才會再次活躍在歷史的舞臺上。

與父親文帝不同，繼承帝位的煬帝（楊廣，六〇四—六一八年在位）卻對江南的風土文化十分傾倒。他在即位以前，以陳國討伐軍的總帥身分監督建康的接收工作，親眼目睹過被父親破壞之前的建康的輝煌。之後他還任揚州總管十年之久，與江南的文人、知識人之間有不少交流，也重用舊南朝的名族虞世基（？—六一八年）。

而且，煬帝的妻子蕭氏（五六七—六四七年）為後梁的二世皇帝蕭巋之女。後梁是侯景之亂發生後，南朝情勢混亂時，西魏擁立梁的岳陽王（蕭詧）於江陵成立的傀儡國家（參見九三頁）。不承認梁陳革命，認為後梁才是南朝的正統，為西魏的方針。之後的北周、隋也繼承了這個方針路線，楊廣與蕭氏結婚時，後梁還存在，因此兩人的通婚有統一南北血統的政治意涵。順帶一提，楊廣之兄，曾經是皇太子的楊勇，則迎娶西魏的後裔元氏之女。

楊廣深受這位長自己兩歲，具有梁武帝與昭明太子血統，集江南文化於一身的公主所吸引，不只向蕭氏學習江南話，還愛上南朝風格的宮體詩。六〇四年即位後，也常常前往建於揚州的離宮（江都宮）。他也承接文帝修築大運河的工作，繼續推動串連西起大興、南至杭州、北及幽州（北京）這個巨大的水運網絡建設事業。

煬帝還在漢魏洛陽城的西邊約十公里處重新營建新的洛陽城（六〇五年）。新的洛陽城雖然主體外形上採用宮殿、皇城、禁苑、外郭城的北方風格設計，但內在大幅重現了如今已風華盡失的建康城園林文化，創造出山水巧妙交織的優美都市風貌。隋唐洛陽城，就是以南北融合為象徵所構想、打造而成的新都城。

然而，隋的天下並不長久。大運河的建設與三次遠征高句麗，造成民生疲弊，煬帝見天下大亂，心灰意冷躲進江都宮，最後被親信所殺，死於非命（六一八年）。失去煬帝的隋朝其實氣數已盡，各地軍閥割據，亂世再現。

失去丈夫的蕭氏，與其孫楊政道向北逃，委身東突厥（東突厥汗國），投靠出嫁東突厥可汗的義成公主（？—六三〇年）。於是，南朝（梁）的公主、北朝（隋）的皇后蕭氏，與北朝（隋）的公主、游牧民族（東突厥）的皇后聯手，在游牧民族的可汗的援助下，擁立中華的天子（楊政道）的「復隋運動」，一度動搖甫建國的唐朝。但這個構想在六三〇年，唐太宗征伐東突厥之後煙消雲散，蕭氏被帶回唐都，度完餘生。其遺骨被帶回煬帝醉心的江南揚州之地，與其夫婿合葬。

二〇一三年，煬帝夫妻的合葬墓在揚州市曹莊的工地現場被發現，成為學界話題。從兩個墓室之中出土的墓誌與遺物，可以確認是煬帝陵。在此前

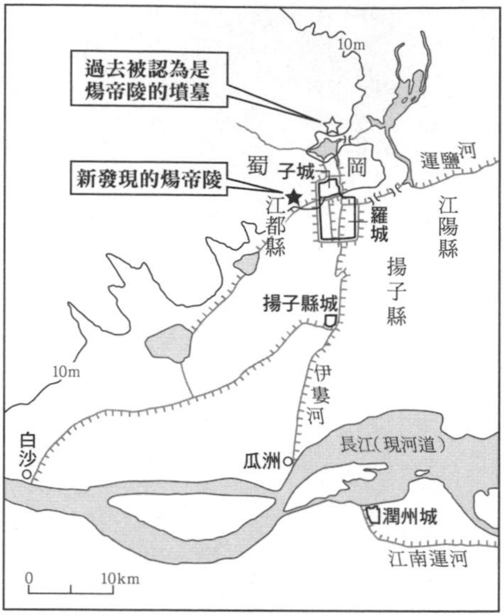

圖 15　唐代的揚州城及其周邊

的「隋煬帝陵」被認為是由清末的考證學者阮元所考據的墓室。阮元的「隋煬帝陵」位於揚州市槐泗鎮，自發現以來一直受到維護。但隨著曹莊新出土的煬帝陵，也證實之前的考據有誤〔圖15〕。

唐帝國與江南文化

煬帝被暗殺後，各地群雄蜂起。江南望族沈法興打著復興陳國的旗幟自立為王。後梁的後裔蕭銑也標榜復興梁國，割據長江中游流域一帶。大運河沿岸的東方地域也興起諸多割據勢力，宛如秦末動亂再現。與秦末時一樣，最早占據關中的李淵勢力，最後逐漸在統一戰爭中勝出，樹立長期政權唐王朝（六一八年）。未幾，沈法興在各路勢力爭戰中殞命，蕭銑則被唐的趙王（李孝恭）所討伐。

唐的江南經營大抵上依循隋的方針，以揚州為據點進行開發，建康仍然停留在小都市的規模。後人曾在洛陽出土的唐代穀倉遺跡（含嘉倉）中，發現寫著繳納穀物地區名稱的「磚」（煉瓦），上頭寫著許多包括江南、淮南、河南、河北等大運河沿岸地域的地名，可見大運河的運輸功能已經發揮（圖16）。

圖16　大運河（江蘇省揚州市）

江南文化對唐朝也產生很大的影響。其中最為鮮明的例子，就是二世皇帝唐太宗（六二六—六四九年在位）的「王羲之愛」了吧。傳說他甚至鍥而不捨地向〈蘭亭序〉的真跡所有人遊說，最後還將真跡帶入自己的陵墓（昭陵）陪葬。

唐代，儒家經學以南朝義疏學的形

式與釋義為基礎，進一步整合，在孔穎達的《五經正義》中獲得系統性的整理。隋唐時期開啟的科舉，其考題多以此書為基礎出題，故其中的釋義也廣受全國的士大夫所記誦、傳述。

史學方面，太宗時代開始編纂南北朝的正史《梁書》、《陳書》、《北齊書》、《周書》、《隋書》、《南史》、《北史》與《晉書》等。這些史書多將南北朝置於一個統一的角度下加以編寫，故與北齊所編纂的《魏書》稱呼南朝為「島夷」，梁所編纂的《宋書》、《南齊書》將北朝稱之為「索虜」、「魏虜」等相互蔑視的觀點，有很大的不同。

唐帝國的「南朝化」

在隋唐兩朝完成的法制與禮制，除了採用北朝（以北魏、北齊為主）的制度之外，也揉合了南朝（尤其是梁、陳）的內涵，並進一步加以重整（參見第一卷第六章）。

另一方面，江南地方因為屬於被征服之地，因此在政治上的地位並不高。唐初的政權，雖然是以構成唐朝主體的關隴貴族、形成北朝主要政治勢力的山東貴族，以及來自江南的江南貴族所組成，但江南貴族在政治上能夠擔任政治中樞職位的人物，其實不多。唐初擔任到宰相等中央高官的也只有後梁明帝之子（隋煬帝之后蕭皇后之弟）蕭瑀、初唐書法三大家之一的虞世南（虞世基之弟），以及太宗時期服侍太宗的中書令岑文本等人。政治上的事件也只有反武則天（六九〇—七〇五年在位）的李敬業之亂（六八四年）、越王貞之亂（六八八年）而已。

農業開發方面，江南一帶於六朝期（第一發展期）的發展，在唐朝前期進入了停滯狀態，技術上也沒有新的革新。對江南三角洲低濕地區的開發，要到唐代中期以後的「第二發展期」（參見一三一頁），才會獲得進一步的進展。

隨著唐律令的建立，舊南朝地域也被確實地鑲嵌入統一的行政體系之下。不過就現實上而言，這個一元統治的實質貫徹程度如何？仍是個需要探究的問題。比如，舊南朝地域一樣要負擔租庸調的稅賦，但江南的租可以用布（麻布）代納，而且依照納稅戶的資產等級（戶等）其繳納額也不同。這與唐代「租」（田租）所訂之「無關貧富，一律粟二石」的規定大異其趣。兵役方面，江南之民被課以一生頂多一次甚至從未被課過的「防人」之役，並不需要負擔「府兵」的義務。

繼承自北朝的田制與稅役制度，對於一般農民分配一定的田地並要求其必須負擔固定的稅賦，與江南社會過去所熟悉的，以貴族等大土地面積所有者為前提而設計的制度，有所格格不入。因此從前述在租稅政策上的「調整與通融」觀之，也可以察覺到唐朝對於已經自行發展長達二百七十年之久的江南，有一定的變通與理解。

唐代到了中期，隨著內外局勢的嚴峻，政府改變了以北朝制度為主的原則，改以貧富差距為前提，進行兵制、稅制的調整。募兵制與兩稅法應運而生。魏晉南北朝與隋唐史的專家唐長孺（一九一一—一九九四年）將這樣的轉變稱之為「唐朝的南朝化」。被征服之地的南朝所遺留下來的遺產，其實仍然頑強地活在隋唐帝國的內部，無論是國家制度，還是文化學術，到了唐朝中期以後，又再次浮出歷史的舞臺。

隋唐帝國的海域開拓

以長安為國都的隋唐兩朝，常被強調的多是經由陸路（絲路）活化東西方交流的特點，但其實仍然充分活用南朝時代的海路與海域世界發展外交與通商關係。倭國也是在這樣的背景下，重新啟動時隔六百年的派遣使節。煬帝本身對外交的態度就比較積極，除了呼籲林邑等東南亞諸國前來朝貢，甚至派遣遠征軍，試圖征討不願前來朝貢的「琉球」（臺灣？）。

這個時期的歐亞大陸上，東方為隋唐帝國，西方為伊斯蘭帝國（伍麥亞王朝，Umayyad；阿拔斯王朝，'Abbās、Abbasids），東西方的交易進入穩定期。海上沿線的東南亞諸港市也逐步發展。七世紀中葉，室利佛逝國（Sri Vijaya）於蘇門答臘島上建國，控制了麻六甲海峽的經濟交通要衝，國力強盛。唐的佛僧義淨（六三五—七一三年）於七世紀後半曾居住此地，完成《南海寄歸內法傳》一書。室利佛逝國與爪哇島上的夏連特拉王朝（山帝王朝，Sailendra）等東南亞諸國，自七世紀起開始向唐朝貢。

倭國自第一次遣隋使開始，不到二十年間就遣使五次。對唐則是在六三〇年重啟朝貢後，稍隔十數年，於朝鮮半島情勢開始緊張時期的六五〇年起高頻率地遣使赴唐。此時期的半島情勢，呈現新羅與唐聯手，高句麗與百濟合作的局面，倭國則選擇持續支持自四世紀開始合作的百濟。

唐到三代高宗（六四九—六八三年在位）時，新羅強化與唐的關係，開始壓制其他國家，最後也驅逐唐的影響力，在半島上樹立了統一的政權。倭國於白村江大敗（六六三年）之後，失去了半島上的據點，朝貢使節的派遣也自此中斷了大約四十年之久。

第二章

江南經濟的啟動——唐至宋

范仲淹像（南京博物院）

一、運河與海

動搖的唐帝國

七〇二年，粟田真人一行人渡過東海，踏上唐朝的土地。這是自白村江敗戰後，中斷四十年首次重啟的朝貢之旅。此時的倭國政權甫創造出「天皇」這個稱號，正在建設新的都城（藤原京）、制定律令（大寶律令），並以「日本」這個國號自稱，開始新的外交事業。粟田真人一行人，正背負著這個空前的任務，踏上新的遣唐使之路。

之後長達百餘年，吉備真備、阿倍仲麻呂，以及隨著二〇〇四年出土的墓誌而一躍成為該時代「知名人物」的井真成、最澄、空海等，這些日本人熟悉的人物，接連渡海赴唐。這段期間，剛好是唐朝「開元之治」的全盛期，也是從全盛期逐漸走下坡的時期。在這些遣唐使眼中，唐朝的盛衰，又映照出什麼樣的故事？

在位半世紀之久的玄宗（七一二—七五六年在位），前三分之二的統治為開元年間（七一三—七四一年），本書系第一卷也提過，這段時期是編纂《大唐六典》，「古典國制」逐步重建的時期。

開元年間也是首都長安的輝煌時代。在此之前，亦即七世紀中葉至八世紀初期，長安的地位與繁榮屢次受到陪都洛陽的威脅，因為水運不便之故，長安容易發生物資不足的狀況，朝廷甚至屢有遷都洛陽（「東都就食」）之議。武則天則是常駐洛陽，洛陽也為了符合「女帝之都」的需求，而推動了許多的建設。

開元年間，長安再度有了起色的關鍵，在於裴耀卿疏通大運河，提升江南物資輸送至長安的效率（七三四年），自此洛陽至長安間的物資往來變得順暢，「東都就食」之議也就不再被提起。之後玄宗在長安城內新建的興慶宮與郊外行宮的華清池，與人生後半知遇的伴侶楊貴妃（七一九—七五六年）過著只羨鴛鴦的生活。不止李白（七〇一—七六二年）為此賦詩，日本學者石田幹之助（一八九一——一九七四年）的名著《長安之春》中所描寫的風景，正是運河輸送後，恢復生機的長安城。

然而，繁榮的背後，陰影也逐漸籠罩。編戶的農民為了逃避賦稅，逃離本籍地變成流民的問題逐漸惡化，以編戶的生產資源（租調）與勞動人力（歲役、雜徭、府兵、防人）為基礎的「古典國制」出現裂縫。七二一至七二四年，宇文融為了再次掌握逃戶的問題推動「括戶」政策，雖然讓租庸調制暫時恢復秩序，但徵用府兵與防人的庸役制，卻因為與突厥的關係變得緊張，面臨新的挑戰而顯得不合時宜。為此，政府建立了募兵制，募集專職的士兵擔任禁軍（禁衛軍）與邊防軍，並新設「節度使」一職，以為指揮邊防軍的將帥。擔任邊防軍將帥的節度使往往起用熟悉邊防敵情的「蕃將」（非漢族的將帥），其中尤以具有粟特人與突厥人血統的安祿山（七〇三？—七五七年）為最。因得玄宗信任，陸續兼任范陽、河東、平盧三鎮之節度使，掌握了龐大的軍事力量。

另一方面，宮廷內的權力結構也發生了變化。開元前期，國政的主導權掌握在「古典國制」的推手士大夫們身上，雖然士大夫間難免會因為貴族出身或是科舉出身的差異而相爭，但大致維持了國政體系。然而到了中期以後，國政逐漸落入皇親宗室李林甫、外戚楊貴妃家族、宦官高力士等寵臣手上。其中尤以憑藉楊貴妃受寵而大權在握的楊國忠（楊貴妃的族兄）為甚。楊國忠視安祿山為眼中釘，試圖鬥爭安祿山，造成雙方激烈對立，最終招致安史之亂爆發。

重建之路

七五五年，安祿山與史思明所發動的安史之亂，是中國史上空前的轉捩點，其歷史上的意義，將於本書系第三卷用較大的視野加以討論。本卷主要將焦點集中在亂事平定後，對唐代後期內政的探討。

亂事於七六三年平定後，當初只配發邊境的節度使，為了維持治安，也開始配置在內地的行政區。節度使逐漸在任職地扎根，形成藩鎮割據（軍閥化）的局面，逐漸威脅到唐王朝的統治根基。這些割據的藩鎮之中，尤以河北的三藩鎮（盧龍、魏博、成德）與河南的二藩鎮（平盧、淮西）最為跋扈，將地方的稅收私有化，成為實際上獨立的勢力。

這段期間，唐朝其實也並非束手無策毫無作為。政府開始將重心轉移到未受戰禍殃及的江南地帶，重建其經濟，並獲得不少成果〔圖17〕。

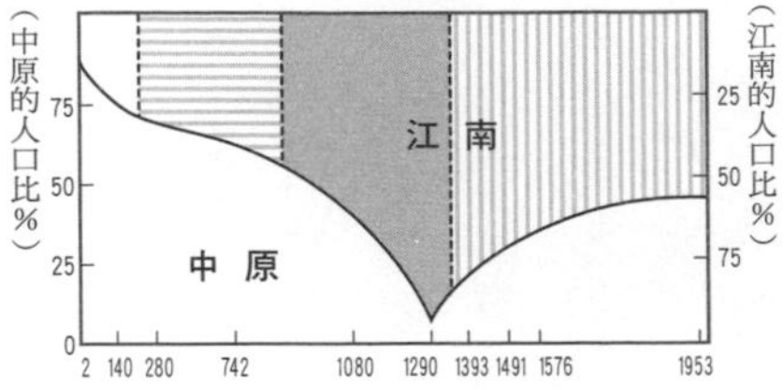

圖 17　人口分布的南北比

七五八年，第五琦建策啟江淮財賦，後由劉晏接續推動改良版的鹽專賣法（榷鹽法）。劉晏向專賣鹽課間接稅，這些鹽稅被用來作為支付大運河輸送政府物資時所需的龐大經費，確保了物資的供輸。

人類需要鹽分才能生存，而鹽只能從海洋或鹽湖取得。因此對於住在內陸的大多數農民而言，鹽是必須以購買的方式才能取得的物資。鹽的稅率十分之高，通常被課徵高達原價三十倍的稅額，但因為是必需品，民眾也不得不買。因此，對掌權者而言，鹽稅一直是高效率且穩定的稅收來源，鹽稅也逐漸成為支持歷代王朝的重要財政基礎。

另外，直接稅也發生了變化。七八〇年，兩稅法實施，取代了租調制。與編戶農民均等課稅的租調制不同，兩稅法最大的特徵，就是依照貧富之差別來課稅。主要徵收的物資為銅錢（或者與之等價的布帛）與穀類這兩大類。江南的物產，在兩稅法、鹽專賣、漕運制度等新制度的實施，完善了從徵收到輸運的各個步驟，得以穩定地往北輸運。

政府也著手重建兵制。用皇帝直屬的護衛組織北衙禁軍，取代已經機能不彰的諸衛軍（南衙禁軍），其中北衙禁軍中的部分軍隊還獲得了禁軍中樞「神策軍」的地位。由於禁軍主要由宦官所組織管理，因此禁軍也逐漸化為皇帝的私人武力。

九世紀初期，憲宗（八〇六—八二〇年在位）成功鎮壓跋扈的藩鎮勢力，削減節度使的軍事權與財政權，史稱「元和中興」。當然，中興得以成功的背後原因，得之於前述所提及財政與軍事上的改革成果。

江南的開發——第二發展期（之一）

唐代後期，最繁榮的都市為揚州。這個以隋煬帝寄寓之地為起點開始發展起來的都市，隨著唐代後期漕運制度的擴充，成為江南財富的轉運與集散地，重要性日益增加。「揚一益二」（揚州第一，益州次之）形容的就是揚州的繁榮。

八世紀以後加速開發的農業，也是支撐揚州繁榮的另一個基礎。江南三角洲一帶，除了防止海水侵入丘陵地而建設的堤防與水路等基礎設施逐漸完善之外，也開始著手開發低濕地。配合地形與氣候的二期稻作（早稻、晚稻）技術也開始成熟並流傳。

到了宋代，江南的開發到達六朝時代未曾觸及的「低濕地耕地化」新階段，進入所謂的第二發展期。

至江南赴任的地方官，也對江南的開發投入心力。知名的有白居易（七七二—八四六年）赴任杭州時，引西湖的水灌溉的事蹟。白居易還將其經驗寫成〈錢塘湖石記〉一文。

江南的經濟發展，也為文化發展注入活水。「最憶是杭州」，如白居易〈憶江南．之二〉中所詠，江南優美的水鄉景致，往往令來訪的士大夫心生嚮往。在更為南方之地，尚未開發的華南一帶度過半生的柳宗元（七七三—八一九年），也為這個左遷之地永州（湖南省）寫下了〈江雪〉絕句，詠嘆這片人生逆境之中的山水美景，傳誦後世。

這個時期，由日本渡唐的使節，已經改為採用海路直達江南的路線，想必也目睹江南的盛況。遣唐使的主隊到達揚州後，北上前往長安；佛僧則有部分為了求法而南下，前往天台宗的總本山天台山國清寺（浙江省）（圖 18）。前往該寺的以比叡山的僧人為大宗，如知名的最澄等，皆在此處潛心修佛。

圖 18　天台山國清寺（1922 年左右）

其中，慈覺大師圓仁（七九四—八六四年）雖然沒有實現前往國清寺的心願，也歷訪山東諸寺、山西五台山、長安等，親自行腳九世紀中葉的中國，並將這十年的見聞筆綴成書，完成《入唐求法巡禮行記》這部經典的紀行文學。

圓仁在其旅程中，曾經多次受到以山東地方為據點的新羅商人幫助。這一帶的海洋商業，在新羅商人張保皐（張寶高，約七九〇—八四六年）的經營下，十分活絡，日本的使節與商人也與新羅商人合作，經濟活動十分興盛。

另一方面，七世紀以來，來自西亞的穆斯林商人開始在南中國海活動，從東南亞至印度洋的海上經貿路線也獲得進一步的發展。《中國印度聞見錄》（*Abū Zayd al-Sīrāfī*）這類可作為經商的參考書也問世，書中記載了從波斯灣至中國沿途上各交易圈的地理與文化習慣，成為海上商人必備的行商指南。

換言之，九世紀時，海路的交易路線貫通東西亞，許多物產與文化經由民間管道交流，十分活絡。日本也不例外，只要稍微有讀過《源氏物語》或《枕草子》等日本文學作品，很容易就可以知道平安時代的貴族們，對於來自海外，經由大宰府到他們手上的「唐物」（工藝品、香木等）以及《白氏文集》、《文選》等詩文，是多麼令其心生嚮往。

由前述的情況可知，所謂「九世紀末遣唐使廢止後，逐漸重視日本文化的獨特性，也開啟了國風文化的新時代」這樣的論點，十分偏頗。遣唐使的廢止，更可能的原因應該是「因為民間交流的興盛，使得文物與資訊的交流變得容易，因此不再有派遣須花費大量成本的遣唐使前往朝貢的動機」。畢竟，日本絕不可能對於整個歐亞大陸轉向「海洋時代」發展的局勢視而不見。

動亂的徵兆

達成元和中興成就的明君憲宗，在位後期迷信方士，寵信宦官，最終不幸暴斃，傳言乃為身邊宦官所害。之後，宦官專權，甚至連皇帝的廢立都干涉。由唐末宦官楊復恭「定策國老，門生天子」（決定國策者為宦官，天子不過是其門生）之狂言可知，當時宦官如日中天的勢力。

宦官的實力，源自掌握神策軍的軍權與內庫的財力。內庫為皇帝的私人財庫，主要存放百官為了向皇帝示好進獻的奇珍異寶（進奉品），皇帝有時也會再將這些收藏品下賜給有功勞者。亦即，內庫是皇帝與士大夫之間維繫某種「幫眾關係」的中介場域，負責經手管理的宦官，等於掌握了這層關係，得以轉換為權力。

宦官的專橫自然令皇帝不滿，百官厭惡。文宗與士大夫聯手試圖用武力誅殺宦官的行動，卻在行事之前事跡敗露，最終失敗，史稱甘露之變（八三五年）。之後，朝廷上下雖然陸續有反宦官的運作，最後卻常常功虧一簣。

無法順利排除宦官勢力最大的主因，雖然在於宦官手中掌握著軍事力量（禁軍、神策軍），但士大夫之間不團結其實也是原因之一。士大夫之間的門派之見很深，熱衷於門派之爭，主要分為牛僧孺派與李德裕派，史稱牛李黨爭。門派主要經由科舉時代的考官與考生的關係、科舉同年合格者之間的關係等結合，換言之，也是一種「幫眾關係」。

基層社會也開始流動。九世紀初的地理書《元和郡縣圖志》中所記載的戶籍數量，已經比玄宗時代少了三分之一，就是人口外流現象日趨嚴重的明證。這些外流的人口，大多進入軍隊（禁軍或藩鎮）、運輸業（流通業），或者加入各種地下幫派結社等，成為社會上的非法分子。總之，這些外流人口，無論是加入了國家機構，還是加入了民間團體，常常都會成為單位內的不安定分子。

尤其各地的藩鎮，其部下的親衛軍（牙軍）與地方基地（外鎮）往往雇用許多這類的外流人口。另外，隨著科舉制度的常態化，各地的文人日漸增加，因此藩鎮自己所組織的文官機構，也常聘雇這些文人來任職（稱之為「辟召」）。節度使也會從部下之中挑選特別值得信賴者或其子弟作為義子，形成一個緊密的親信團體（義父義子關係）。唐末群雄之中，建立前蜀的王建，就擁有一百二十名義子。

到了九世紀中期，這些拉幫結派的勢力，開始成為唐末地方混亂的要因，浙東的裘甫之亂（八五九年）、徐州的龐勛之亂（八六八年）等，於各地方頻繁發生。八七四年山東的黃巢之亂等，甚至擴大成為南至廣州，北至洛陽、長安等地的大型民變。許多逃離本籍地的流民，被藩鎮、私鹽商所吸收，日漸壯大，成為這些民變的主力。

換言之，隨著唐朝盛世的逐漸黯淡，所謂「一君萬民的國家統治」的原理原則失去約束力時，士大夫、宦官、藩鎮，甚至投入民變的流民等，都是經由「幫眾關係」擴張自身所屬的勢力，以求在新的亂世中生存下來。

隨著黃巢軍將領朱全忠（朱溫）之後歸順唐朝，開始回頭剿亂；加上突厥血統的沙陀族領袖李克用（八五六—九〇八年）騎兵軍力的活躍，終於平定了黃巢之亂。因平亂有功，出身於「船的世界」的朱全忠被封為汴洲（開封）節度使；代表「馬的世界」的李克用被封為并州（太原）節度使，為之後的激烈政爭埋下新的伏筆。

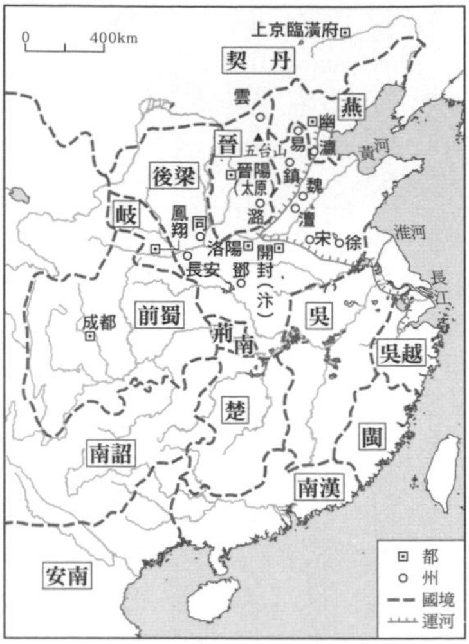

圖 19　五代十國的諸勢力

之後，朱全忠逐漸在政爭之中勝出。在他勝出的過程之中，大量誅殺了宦官勢力與門閥貴族，也讓主導唐代史的兩大主要勢力從此退出政治的舞臺。九〇七年，他終於逼迫唐昭宣帝（唐哀帝）退位，篡皇帝位，建國號梁，史稱後梁，為梁太祖（九〇七—九一二年在位）（圖19）。唐帝國三百餘年的國祚，於焉終結。

後唐帝國時期

唐滅亡後，約半世紀的亂世，五個短命王朝在中原之地興亡，中原周邊則有十餘個勢力割據。前者依序為「後梁→後唐→後晉→後漢→後周」；後者之中的十國為「吳、南唐、前蜀、後蜀、南漢、楚、吳越、閩、荊南、北漢」。北宋歐陽修（一〇〇七—一〇七二年）在其所著《五代史記》（新五代史）中，將此一時期稱之為「五代十國」，沿用至今。

五代十國的勢力組成，主要可以分成兩大系統。

其一為以沙陀族為主所建立的後唐、後晉、後漢、後周、北漢等，這些勢力以精良的騎兵集團為主力，屬於「馬的世界」的代表，主要勢力範圍為山西與河北一帶。其二為由朱全忠、錢鏐、王建、馬殷、楊行密、王審知、劉隱、高季興等人所開創的勢力，這些來自「船的世界」，出身盜賊、鹽賊、賤民等階層的游俠分子，原本為流入藩鎮或運輸業的流民，最後成長為割據一方的政權。

其中，具有一定特色，特別值得一提的為吳、南唐、吳越。

吳是由楊行密吸收盜賊勢力所建立的政權，之後被徐溫養子徐知誥所篡，國號唐（南唐）。徐知誥被收為養子前原姓李，後改回李姓，自認為大唐的繼承者。南唐以江南一帶為勢力範圍，以淮南鹽為經濟基礎，逐漸轉變為一個具有文化內涵的國家。元宗（李璟）、後主（李煜）為著名的詞人，北宋山水畫三大家之一的董源也生於南唐。以金陵為都城的南唐，也讓自從隋文帝破壞之後，淪為地方小都市的金陵（建康、南京），逐漸找回六朝時代的往日風采。

浙江一帶的吳越國，則是表面上表現出臣服中原王朝的態度，另一方面則努力發展海洋貿易。除了與日本、高麗、契丹之外，也與東南亞諸國交易，宛如新興的海上王國。內政上則進行整治錢塘江，開發農田，擴建首都杭州與海港明州（寧波）等，在生產與運輸兩方面，為後世留下了極具價值的歷史資產。

中原方面，繼後唐之後，沙陀族的王朝持續更迭，但朝廷內，河南的中央政府與山西邊境的藩鎮勢力反覆內訌、政爭，造成軍政不合。

山西藩鎮方面，自從河東節度使石敬瑭起兵反後唐，建立後晉後，將燕雲十六州（河北省北部至山西省北部一帶）割讓給契丹（遼王朝、契丹帝國）之後，北方游牧民族與中原之間的距離拉近，後唐、北漢也成了契丹實質上的附庸國。換言之，中原又再次被「馬的世界」的勢力所掌握。

對此，河南的中央政府只好逐漸向「船的世界」尋求生路。後周世宗（柴榮，九五四—九五九年在位）從南唐奪走最大的產鹽地淮南後，中原政權往南發展的情勢越發明朗，後繼的宋朝，也是在這樣的局勢之中誕生的新王朝。以江南經濟為基礎，對抗北方的騎馬政權的基本情勢，就在這個過程之中形成。

五代十國時代，這些在激烈的生存競爭中勝出的政權之共通特色，大多是以義父義子關係組織而成的堅固的親衛軍，作為打天下的主力。後梁的廳子都（廳子軍）、吳越的杭州八都（八都兵），都是著名的親衛軍團。中原的五代王朝，自從後唐的明宗（九二六—九三三年在位）組織侍衛親軍以來，親衛軍就成了左右政治局勢的重要因素。建立後周的郭威，與其義子柴榮，以及建立宋的趙匡胤，都是親衛軍的將領最終登上皇帝位的例子。

二、文臣官僚的時代

未竟的統一

中國的北宋時代（九六〇—一一二七年）相當於日本藤原攝關家的全盛期至院政前期這段期間。自從「遣唐使廢止」後，雖然朝貢使節團的派遣已經終止，但民間的海上交易活動卻越來越活絡興盛，佛僧的往來也密切頻繁，宋朝也往往以官方使節的待遇接待渡宋的佛僧。

以比叡山延曆寺的源信（九四二—一〇一七年）為中心，派遣學僧及著述的交流仍然持續進行，也促成日本淨土宗的成立。奝然（九三八—一〇一六年）自行渡海至宋，受到北宋二代皇帝太宗（九七六—九九七年在位）接見。他的另一個知名事蹟，即為將現今京都的名剎清涼寺所藏，通稱「嵯峨釋迦堂」的國寶釋迦像本尊，迎至日本。

奝然在拜謁太宗時，對於太宗的詢問，如日本的風土民情、歷史、各種制度等進行詳細地回答。其中太宗最為關心的一點，就是日本的國王「一姓單傳」，臣下也是「世襲任官」的制度。這種政治由貴族制所運作，不發動「易姓革命」的單一王統，令太宗深感興趣。

太宗會如此關心日本穩定的國家制度，也是無可厚非。如前節所述，中國這百年來，正經歷唐末五代以來的大亂世。而此時的宋，距離太宗之兄，即初代的皇帝太祖（趙匡胤，九六〇—九七六一年在位）建宋以來又經過了四分之一個世紀，才好不容易滅掉五代十國的最後一個勢力北漢（九七九年），正要開啟太平時代的序幕。

而先代的宋太祖時代，自唐末以來的「亂世硝煙」仍然多所殘存。其實北宋政權的建立，一開始也是處於一種十分不確定的紛亂局面中。九五九年，後周世宗在天下統一的征途上突然病逝，繼位的恭帝又十分年幼，對此感到十分不安的禁軍將領，便在遠征途中擁立殿前都點檢（禁軍將領）趙匡胤，回到開封後再逼恭帝讓位。北宋的政權，就在這樣兵荒馬亂的局勢之中誕生。

登上帝位的太祖，最先著手的，就是將軍權收回。唐末亂世的最主要原因，就是藩鎮的割據，五代各朝的興亡大多也是節度使篡奪戲碼的不斷重演，因此將分散在各地的軍事力量收回，對宋而言，確實是個當務之急。太祖將手握軍權的節度使邀約至酒宴之中，巧妙地用話語誘導，成功的讓節度使們同意交出兵權。此即知名的「杯酒釋兵權」。不流一滴血，就將五代歷代王朝紛亂的源頭「藩鎮勢力的地方兵權」回收，在史上確實是個十分稀有的例子，也是象徵北宋「文治的王朝」的知名逸話。

太祖削除地方兵權後，選拔精銳，組織禁軍，置於首都開封，成功完成軍事集權。之後開始攻掠各地諸國，成功征服荊南、楚、後蜀、南漢、南唐。九七六年，在平定山西北漢與浙江吳越之前，太祖駕崩，留下未竟的統一大業。

走向君主獨裁

太祖的死十分突然，留下頗多爭議。因為他是與其弟（當時改名趙光義）在夜晚飲酒後身亡，且繼位者並非太祖之子而是其弟光義（太宗），因此一直以來都有太宗暗殺太祖的說法。

無論是陳橋兵變，還是杯酒釋兵權，甚至是自身之死，太祖人生的每個轉機都與酒相關。性格豪放，喜愛杯中物，卻又不失嚴謹的太祖，很受身邊的人敬重。在酒席間就能以離間攻心之計收回將領的兵權，解決一直以來的難題，其人格的特色可謂躍然紙上。

另一方面，與兄長不同，太宗卻是個冷靜的實業家。不透明的即位過程，對他的掌權幾乎沒有構成任何負面的影響。即位後，很快地就成功讓吳越歸順，並征服北漢。可惜希望乘勝追擊進軍燕雲十六州的軍略並不順利，沒有完成整個國土的統一。之後，由於燕雲十六州持續被契丹占據，因此北宋一直以一個「不完全統一的王朝」的型態，統治著半壁江山。

不久，太宗就將統治的重心轉向內政，開始進行鞏固中央集權的政治工作。

在太宗的統治下，首先獲得大幅進展的，就是科舉制度。唐代的任官制度對於貴族子弟設有「恩蔭」（依照父祖的地位，可以讓一定人數的子孫任官的特權），因此以科舉任用賢能的效果有限。貴族雖然在唐末五代時期地位衰退，但在太祖統治的十七年之中，科舉登科的人數仍未滿兩百人。而在太宗統治的二十年之中，因為科舉登科而任官的文官，已超過四千人。

在唐代時，參加科舉之前可以用「行卷」的方式，將自己的文章先給考官過目，希望獲得賞識，是一種類似請託方式的管道。但到了宋代，這種行為被認定是作弊的一種，因此以「糊名」（在答卷上填寫名字之處貼上紙片不讓評分者得知考生姓名）、「謄錄」（為了不讓評分者依照筆跡判斷考生身分，將所有的答卷內容派人全部抄錄一次，讓評分者以抄錄卷評分）的做法，以提升公正性。

另外值得一提的是，除了地方的「鄉試」、中央的「省試」之外，還加入了皇帝親自面試的「殿試」。經由這個皇帝親自欽點官員的過程，讓被採用的官員，在心理上與皇帝產生直接連結的君臣關係。這種讓「一君萬民體制」滲透至士大夫心理層面上的做法，具有非常重要的政治意涵。

官制的中央集權化也持續進行。唐以來的三省六部等職位仍然存在，但變成只是標記該官職俸祿的名稱（稱之為「寄祿官」），實務官則由總稱為「差遣」的官職體系所取代。行政的最高職位為同中書門下平章事（宰相）、參知政事（副宰相），這些各置數名；軍政的最高職位為樞密使、樞密副史等，統稱為宰執的官職，採用的是集團管理的方式。

地方官制方面，縣、州之上設「路」，路這個行政單位之下，設負責民政的轉運使，負責軍政的經略使、安撫使，負責司法警察的提點刑獄等。這種依照負責工作分別設定職務的做法，可以讓權限不再集中於一人。

軍制方面，分為擁有人事權與發兵權的樞密使，以及實戰時負責指揮的禁軍（殿前司、侍衛馬軍司、侍衛步軍司）兩個系統。地方雖另設有負責勞役工作的廂軍，但不設實戰部隊。禁軍以輪值方式的「更戍制」，定期至地方輪值。

這種不讓各種權限集中在一個職位上的機制，成為宋代官制的一大特徵。

為了維持規模逐漸擴大的募兵制與官僚體系的運作成本，宋朝繼承唐朝的稅制，對農業生產課以兩稅，對鹽等商品進行專賣，以獲得收益。這些收益經由漕運制度連結，至進入十一世紀起，可將江南年間生產六百萬石（約四十六萬噸）的穀物，經由大運河運到開封。同時制定適合商人經商需求的制度，讓商人協助調度北方邊防用的軍事用品等，進一步打造出更勝前朝的「北需南供」體制，讓南方的物產得以支撐北方邊防與首都圈的需求〔圖20〕。

太宗所進行的這一連串改革，其實就其意義上等於完成了唐代中期以降未竟的社會改革。

總而言之，宋代的社會變革與制度改革如下：貴族的沒落與科舉官僚的抬頭；皇權強化（文官與武官的分權）；義務役的府兵防人制改為募兵更戍制的軍制變化；均田租調役制轉為以土地私有制為前提的兩稅法的稅制變化；實施以流通經濟為依歸的專賣制等。文化方面，貴族文化衰微，取而代之的是新興士大夫與庶民文化。

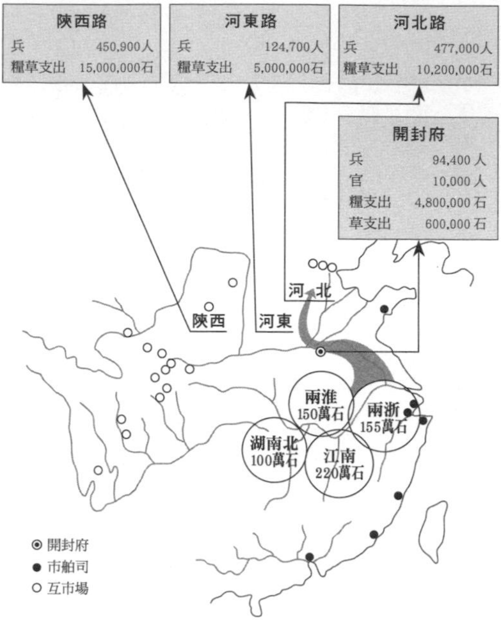

圖 20　北宋時代的補給體制

這個中國史上空前的制度大變革，史稱「唐宋變革」，是在中國史研究上一直十分受到重視，也十分重要的關鍵詞。一九九八年，寧波的天一閣博物館發現了北宋的天聖令（天聖為仁宗的年號），這份文物之中同時記載了當時通行的宋令與舊唐令，令學界對這段時期的變革，有了進一步深入探討的機會。

士大夫的興起與迷失

時值日本在藤原道長（九六六—一〇二七年）、藤原賴通（九九二—一〇七四年）父子的攝關政治的全盛期；北宋正好傳到第三代皇帝真宗（九九七—一〇二二年在位）與第四代仁宗（一〇二二—一〇六三年在位），此時的北宋，正為北方的情勢所惱。

十一世紀初期，契丹的聖宗（九八三—一〇三一年在位）親自率軍入侵宋，南下黃河與宋軍對峙。宋真宗在宰相寇準的力諫下，親自前往前線，於一〇〇四年，兩國於澶州簽下和約（澶淵之盟）。此後與契丹的關係進入安定期，但至仁宗時，西北方的黨項（Tangut）反宋自立，建立西夏國。對這樣的新局勢，宋依舊以締結盟約的方式解決，於一〇四四年暫時轉危為安。

對於此時期諸國之間的外交關係，本書系將於第三卷從歐亞大陸東方的較大視野進行探討。本卷主要觸及的部分，為和約簽訂後，為了維持和平，宋需要付出莫大的財政成本這個方面。首先，宋每年必須要向契丹與黨項支付大量的歲幣（銀、布帛）；其次，為了維持國境附近的治安，必須要常駐大

依照 Chaffee 氏的資料所繪製
北宋 9,630名，南宋 18,694名，時期不明 609名
合計 28,933名

圖 21　科舉合格者的地域比較

規模的軍隊。對此，宋仍然嘗試運用兩稅法與專賣制，以及大運河的物資運送，來籌措這些費用。

除了持續強化「北需南供」（以南方富饒的物產支持北方的軍事需求）的機制之外，在用人方面，南方人才也有顯著的抬頭。不只科舉招募的名額提高，江南的新興地主們傾注資源財產於教育，培育子弟讀書任官。主持真宗時代的大典「封禪之儀」（一〇〇八年）的宰相王欽若就是南方出身的代表性人物；長年擔任三司使（財務長官）的陳恕等有才能的財務官，許多都是出身江南〔圖21〕。

太宗時代以降，科舉官員的數量開始增多後，隨著時間的遞嬗，其存在感與重要性日漸提高。其中最具代表性的事件，可舉仁宗慶曆年間（一〇四一－一〇四八年）的「慶曆新政」為代表。

慶曆新政係指真宗時期以來，范仲淹與歐陽修等年輕的科舉官員，對於以大老官員如呂夷簡等人所主導的政府中樞多所批判，進而推動的政治革新運動。其中范仲淹一路官拜至參知政事，開始推動十項改革，此即「慶曆新政」。但卻遭遇到激烈的反對，約莫半年新政即告失敗，最後范仲淹只好自請出京，轉任地方官。

慶曆新政的改革雖然並不徹底，但對後世的影響卻很大。新進的官員滿懷理念，不畏權貴，針砭時政，可謂是個理想的年代。本書在導言也引用過范仲淹〈岳陽樓記〉中的名言：「先天下之憂而憂，後天下之樂而樂」（先憂後樂），將為政者應有的胸懷充分展現，跨越時空至今仍受到眾人傳誦。

慶曆新政所造成的另一個影響，就是加劇了官員彼此間為了擴大自身的勢力而進行的權力鬥爭（黨爭）。黨爭的其中一例，可舉仁宗之後英宗（一〇六三－一〇六七年在位）時期的「濮議」事件為例。

仁宗因無子嗣，故領養旁系堂兄之子，即之後的英宗（一八〇頁，圖

26〉。但旁系繼位的問題卻引起了廣泛的議論。如皇帝進行各種祭祀時，通常稱自己的父親為「皇考」，但英宗的「皇考」卻是養父仁宗，使得該怎麼稱呼生父濮王一事，成為一個難解的問題。

於是政府中樞想出了「皇親」一詞，但王珪、司馬光等臺諫官（御史臺、諫議大夫等以上諫為職務之官）卻站在原則論的立場，主張應該用「皇伯」這個稱呼，最後演變為「濮議」的大論爭。「濮議」之爭原本從頗有近代性的思考邏輯論述出發，最後卻逐漸轉變為單純的形式論之爭，陷入情緒化與非生產性的漩渦。但就當時的價值觀而言，天下的秩序與名分之爭，確實是個相當重要的問題。

就在士大夫們爭得面紅耳赤之際，卻沒有人注意到逐漸陷入危機的財政。這個時期的財政危機，一直要到神宗（一〇六七—一〇八五年在位）時期，起用王安石之後，才獲得進一步的解決。

王安石的新法

一〇六七年，英宗逝世，神宗即位。二十歲的少壯皇帝，起用了王安石

表 2　王安石的主要新法

青苗法	政府於農閒時對窮困的農民所實施的低利融資，救濟因地主的高利貸而苦的小農，同時將地主的利息收入轉化為政府歲入。
均輸法	在發運司（設置於商業都市揚州的特別司令部）的主導下介入民間的需求供給動向，使得開封等大型消費市場的物資供給合理化與安定化。
市易法	在開封等主要都市設置市易務，同時負責物價政策（介入流通動向≒均輸法）與高利貸對策（向中小商人提供小型融資≒青苗法）兩個方面。
募役法	將義務負擔較大的中小地主（必須擔任村官、治安維持、納稅等各類行政事務）的工作轉為雇用勞動（募役），另外向解除負擔義務工作者或者官吏等具有免役特權者徵收免役錢與助役錢，作為雇用募役的財源。
河倉法	在地方官廳擔任末端行政事務的胥吏，因原本的性質為職役（義務勞動役），因此有向陳情者收取事務手續費作為個人收入的習慣，最終形成一種利益輸送結構。為了解決此問題，明定胥吏禁止收取手續費，改為由政府支薪，讓財務的流動透明化。

（一〇二一—一〇八六年）這張王牌，開始對逐漸惡化的經濟狀況進行改革。這段執政期間（一〇六九—一〇七四年），大約是日本後三條天皇（一〇六八—一〇七三年在位）開始試圖削弱攝關家權力，逐步實現親政的時期。

王安石其人的經歷也比較特殊。在慶曆新政至濮議之爭的年代，在官場舉足輕重的職位為臺諫或翰林學士之類的「言路官」（言官），亦即以論政議事決定或修正政策的中央官吏。范仲淹、歐陽修、蘇軾、司馬光等人皆是言官出身。

但王安石在神宗重用他之前，幾乎沒有在中央任官的經歷，而是擔任如江寧府（南京）的知事等地方官職。但自從他於一〇五八年提出〈萬言書〉（地方官於卸任後，要回到中央時向中央所提出的報告書）被評價為千古名文之後，知名度在官界大幅提升，進而受到神宗的提拔，進入中央政府任官。

一〇六九年，王安石被任命為參知政事後，隨即組織制置三司條例司這個專責機構，賦予該機構能跳過既定的合議過程而直接決定政策的權限，並於同年七月公布均輸法，開始具體推動改革。

新法中最重要的部分正是財政改革。說到財政改革，最普遍的做法，應該就是降低歲出（尤其是人事費的削減），同時提升歲入（如實施增稅或借款）。王安石所推行的部分新法，也不離此道。

新法之中，為了降低當時耗費最劇的軍事費用，在農村實施保甲法，將農民編成民兵組織，作為維持治安的單位；同時實施保馬法，由農民負責飼養軍馬。前者能降低對募兵制的依賴，後者委託民間飼養軍馬，能改善官營牧場效率不彰的缺點。當然，前者有民兵戰力不如募兵的短處，後者則難以避免軍馬農用（用現在的觀點來形容，就是拿跑車去當貨車）所帶來的不良影響。換言之，這是一種為了減省經費，在衡量過負面效果後，仍不得不推行的權宜之策。

此外，還實施了整備增加稅收基礎的新法：如農田水利法、淤田法、方田均稅法等，用以達到改善治水、增加農地開發效率以及課稅公平化等目標。

前述都是減少支出、增加收入的做法，無論是哪個時代，這些都是改革財政的不二法門。但王安石的新法不只如此，還推行了許多超越傳統的做法，如青苗法、均輸法、市易法等，象徵積極財政的新法。積極的役政改革方面，則有募役法、河倉法等。

青苗法、均輸法、市易法等，都是政府積極介入獨占利益的地主或富商等民間經濟體，將其以高利貸或投機所獲得的利益，轉化成為國家的收入，然後再分配給中小農民與小本商人。

募役法與河倉法，則是役政改革的一環。以近代公民義務的觀點來看宋代的役法，可能比較難理解，但其實就是類似近代日本各地自治會的概念，但其中的成員屬於終身職。換言之，地域末端的行政工作是居民必須輪流負擔的義務。這類的工作在宋代稱之為「職役」，大多由相對富裕階層的民眾來擔任。

雖然難免有人因為這多出來的工作負擔而辛勞，但也有職役不更迭、固定由一人長期擔任的例子。這類的例子等於取代了行政職務的工作——稱之為「胥吏」——是一種容易衍生出大量的權力操作與利益輸送的職務。胥吏往往利用自身介於官府與民眾之間的職務之便，向有辦事需求的民眾收取手續費（關說費），以中飽私囊。就像現在日本的自治會成員要經由自治會的協助進行一些行政申請時，難免要向自治會的資深會員（年長會員、要職會員等）贈送一些打通關節的禮品。看似免費服務的世界，其實更容易被一些不成文的規範所支配，產生許多灰色地帶。

為了破除這種「免費服務的灰色地帶」，新法規定成員一律必須繳交會費，並以此為財源作為役務負擔者的薪水，使其成為被聘雇的「雇員」，等於付錢委託他們執行工作。募役法與河倉法，都是這類的嘗試。王安石的意圖很明顯，就是要透過成員付出少數的成本，讓職役勞動工作的報酬透明化，改變制度之外的習慣與文化，並切割這類職役與私下的利益輸送勾結的關係。

激化的黨爭

王安石變法的內涵，不只前述的財政改革，在人才任用上，也推行了一連串的新政。

在科舉制度中，調整進士科的出題方向，廢除詩文，改述經義（解釋經書並進一步提出方策）。改變文官任用政策一直以來「重教養，輕實務」的方針，重視政策立案的實務能力，可以說是歷史上極少見的變革。

前述的河倉法，除了能使胥吏的收入透明化之外，也設定了胥吏的俸給額，基本上與科舉任官者相同。讓具備實務能力的胥吏領有與官吏一樣的薪酬，打破兩者之間的區別（吏士合一策）。

可見，王安石的新法，不只是基本的財政重建，而是整體性的、全面性的改革，因此也受到反對派的強烈抵抗。

反對派首先攻擊的，就是王安石的施政方式。認為跳過原本合議制的過程，用專責機構決定政策的做法，不顧輿論，背離民意。此外，新法的政策不少內容被認為「與民爭利」，則是最受批判的部分。

王安石財政新法的最大特色，就是強化了中央政府積極介入民間經濟的自主空間的力道。這種政策傾向，古有西漢（桑弘羊）的均輸、平準法；後有唐代後期導入專賣制度的改革，而王安石的變法，就是繼承這條路線，更加徹底的一種體現。在強行推動新法的過程，西漢的鹽鐵會議（參見六六頁）之中爭論的焦點，新法與「政府不應介入民事空間」之價值觀的對立，又浮現了出來。

新法的推行將損及地主、富商的利益。過去中國史學界認為這類的變法之中有階級鬥爭的影子，而有將反對派（舊法黨）歸類為「反動派」，將推動派（新法黨）歸類為「進步派」的傾向。確實就地主、富商的利害關係來看，這樣的說法不算有錯；但對於反對派來說，政府不應介入民事空間的價值觀與新法之間的對立，或許才是最主要的爭論點。

力排反對派眾議，強行推動新法的王安石，隨著與神宗之間的嫌隙漸深，於一〇七四年辭去宰相職位，新法頓挫。但開始親政的神宗，仍起用新法派的官吏，推動官制改革「元豐改制」，簡化寄祿官與差遣官並存的複雜結構，恢復唐朝時代較為簡易的三省六部官制。

然而神宗卻於三十八歲壯年辭世，十歲的哲宗（一〇八五－一一〇〇年在位）即位，由宣仁太后（英宗的皇后）垂簾聽政後，新舊兩黨之間的關係旋之逆轉。宣仁太后重新任用舊法黨的大人物司馬光、呂公著等人，新法派被清出朝廷。舊法黨的政權，將各種新法悉數廢止，無論新法的政策是否有效。但自身又無法推出新的代替方案，內部又陷入激烈的派系鬥爭（劉摯等人的朔黨、蘇軾等人的蜀黨、程頤等人的洛黨等），逐漸失色。

一〇九三年，太后逝世，哲宗親政後，在皇帝的自主意志下，轉向回歸新法的政治，這次換舊法黨的官員開始失勢。皇帝主導的新法路線，在哲宗與繼位的徽宗二朝延續，但隨著時間流逝，世代交替，官吏格局不再，無法再推出徹底的改革方案；加以外敵環伺，邁入十二世紀的宋朝，也開啟了悲慘的新章。

三、花石綱

徽宗的政治

一一〇〇年，哲宗死後，十八歲的青年徽宗即位（一一〇〇—一一二五年在位）。日本人也熟悉的小說《水滸傳》，時代背景就是在徽宗朝。徽宗在小說中被描述為一名寵幸眾「奸臣」，如宰相蔡京（一〇四七—一一二六年）、宦官童貫、高太尉高俅等，最終導致大半江山被外敵侵占的昏庸之君。

另一方面，徽宗在書畫方面的才能，卻是舉世無雙。如以〈桃鳩圖〉、〈五色鸚鵡圖〉為代表的花鳥畫，以及被稱之為「瘦金體」的書法，筆觸勁瘦銳利。總之，稱其為中國史上最優秀的藝術家，絕不為過（圖22）。此外，他不只自己創作藝術作品，也是一名十分具眼光的金石書畫收藏家。由其令文臣所編之宮廷畫院的典藏目錄《宣和書譜》、《宣和畫譜》的內容可見其鑑賞能力之高。

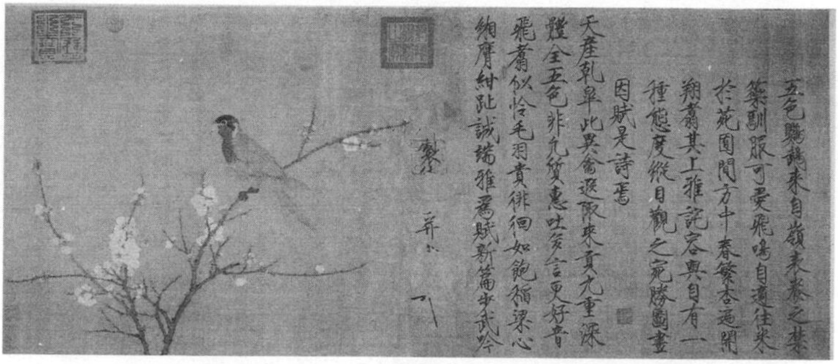

圖 22　徽宗〈五色鸚鵡圖〉（波士頓美術館藏）

徽宗是亡國之君，但也是名風流天子。後世多以「奢侈無度，治國無方」的君主評之，也成了徽宗個人揮之不去的歷史評價。

其中最為典型的負面事例，就是「花石綱」了吧。「綱」是負責輸送物資的單位。徽宗為了在開封營造庭園，編成船隊「花石綱」，專門負責將江南的珍奇草木、銘石、鳥獸等運到北方。加上蔡京等人的協助，使得徽宗更加投入他個人的庭園嗜好，頻繁地出動花石綱。原本應是用來作為正規運送稅收的單位，被充當皇帝滿足個人嗜好的工具，受徵收勞役的官民自然無法忍受。「花石綱」也成了徽宗失政的代表例子。

不合理的壓榨終於招致民變。一一二〇年，「吃菜事魔」（形容一群人信教茹素，事奉一名教祖（魔頭），進而起事的宗教團體，多有邪教含意）摩尼教祖方臘在江南起義，占領兩浙，震動朝廷。此外，小說《水滸傳》中，發生在梁山泊的各種故事，也是徽宗政權敗壞的體現。正因為徽宗「荒奢無道，所以國家才會滅亡」。這樣的因果推論，早已深植人心。

但近期的研究卻指出，徽宗有繼承兄長哲宗的意志，積極推行新法政治的事實。他活用直接傳達皇帝指令的「御筆手詔」，不委任親信，將政治指示直接傳達至負責部署。徽宗時代建造的「漏澤園」遺跡，近年於各地出土後，證實這是政府為埋葬無名屍而設置的墳墓。這種「政府積極介入民間自治領域」的做法，也是具有新法精神的施政。此外，也有研究指出，蔡京有主導禮制改革，試圖強化皇權的作為。總之，關於徽宗朝的不同角度的新研究，近年正受到關注。

江南的開發——第二發展期（之二）

中華王朝的人口，被認為在徽宗時期已經突破一億人。在之前的歷代人口統計，西漢末期與唐代中期曾達到二次高峰，但都沒有超過六千萬人的規模。北宋得以打破兩千年以來的「六千萬人門檻」，使得對該時代社會變化的研究，成為一個熱門的話題。

唐宋之間，人口比率發生了南北逆轉的現象。八世紀中葉原本占四五%的南方人口，到十一世紀後半升到了六五%左右。

造成人口比率變動的主因，還是在於江南生產力的提升。畢竟北方的人口以官員與募兵等非生產力人口為主，而這些人口的生活主要還是依靠南方的經濟力加以支撐。

農田的開發延續唐代開始的「第二發展期」，使得江南三角洲的經濟有了長足的發展。北宋期對於潮鹽地的處理，在低濕地帶也取得一定的成果，以堤防擋住海水，使得潮鹽不再滲入土地，之後開始開墾「圩田」與「圍田」等，同時打造水路供給淡水，將這些新開發的田地水田化。尤其在王安石新法中，農田水利法施行之後，這些新造的農地在政策支持下獲得大幅的進展。加上導入具有較能適應潮鹽、貧瘠土地、溫度差與乾燥的占城稻種，配合早稻時期較易避開梅雨與颱風等時節的特性，進一步提升生產的安定性。

技術的發展也使得宋代的新興地主階層加入開發的行伍，其中還有一些大土地的所有人，同時也具有新興的科舉官員身分。

不過對於這些人而言，更為重要的是，要如何預防家產隨著傳統的均分慣習，而逐漸被細碎化的現象。

家產均分的精神，在於兄弟應該均分父親的「氣」，亦即基於「父子一氣」、「兄弟一體」的原理原則，平分父親的家產。這種習慣最初被創造於商鞅變法時期的大家族解體政策（創造出單婚小家庭），經過漢代與魏晉南北朝漸漸確定，兄弟間的嫡庶、長幼之差也慢慢被淡化。

但在貴族制的時代，還能活用恩蔭特權，經由維持任官的身分，維繫住家運。但到了宋代，科舉制度抬頭之後，恩蔭的效果已經大打折扣。

為了維持逐漸不安定的地位，「宗族」的結合就成為新的嘗試。宗族原本是在商鞅變法前就存在的，以男性血緣集團為主的大家族主義制度，在商鞅變法之後逐漸式微。但到了宋代，為了強化血緣集團之間的相互扶持，再次浮出歷史的舞臺。

宋代的宗族以共同經營祖先的祭祀為精神，設置共同的財產（如范仲淹於蘇州設置的知名「范氏義莊」），或共編族譜（歐陽修所編纂的族譜為代表性的例子）等作為，強化整個宗族的團結，並讓宗族內的優秀子弟接受教育，爭取新的官吏身分，以維持家運。

在經濟力充裕的江南一帶，富裕階層為了讓下一代考取科舉，在宗族內的教育投注心力的傾向十分明顯。隨著五代南唐所孕育出來的宮廷文化，以及木版印刷技術的發達，讓江南一帶孕育出大量準備進入官場的士大夫階層，也讓江南的文化水準獲得飛躍性的發展。江南的文化發展，也讓江南成為孕育出如精通書畫的藝術大家米芾（一〇五一——一一〇七年）等人的搖籃。

活潑的流通經濟

支撐江南農業發展的另一個支柱，就是商業的發展。以大運河為動脈的專賣事業與各種官營行業，讓國內的流通經濟十分活絡，商品經濟大幅發展。其中尤以位於大運河與黃河的交匯處，成為商品貨物集散地的開封（汴州），經由五代諸王朝與北宋等設為首都之後，極盡繁榮。

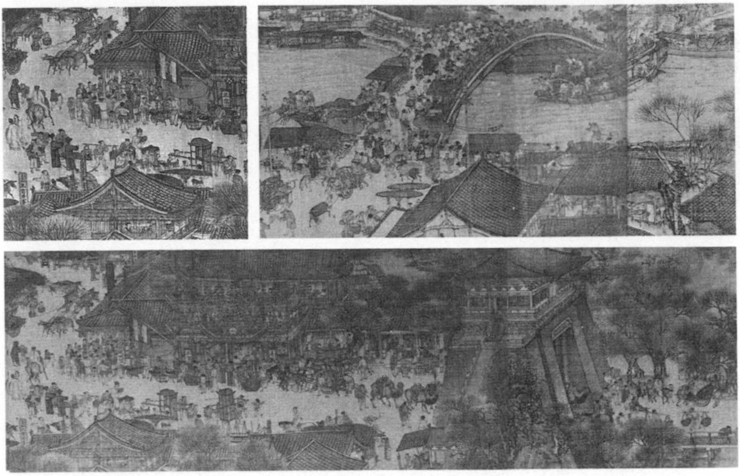

圖 23　張擇端〈清明上河圖〉（部分，北京故宮博物院藏）

南宋的張擇端所畫的〈清明上河圖〉，被認為畫中描繪的景象為徽宗時代的開封春景。這幅如實傳達宋代都市風情的傑作中，描繪著由郊外流入城內的大運河，來往於水上的大船，為了要讓大船通過的挑高拱橋，開封城內櫛比鱗次的各行各業，聚集在路旁的說書人前聆聽說書的聽眾等，躍然紙上（圖23）。

得知開封的繁華的另一個線索，就是南宋的孟元老所著的《東京夢華錄》，書中記述了徽宗時代的開封城、都市內的各種設施、各種習慣與習俗、多樣的業種、各式的店鋪、年中祭典與活動等，翔實生動地記錄民眾的生活。書中還介紹了皇帝親自出巡的儀式，象徵了中華皇帝逐漸轉化成「可見的王權」，都市也成為王權展現的祭祀空間。

除了首都，地方都市的經濟活動也十分活絡。尤其港口城市更為顯著。北宋繼承唐末五代時吳越政權的遺產，對海外貿易也十分重視。其中特別在杭州、明州（寧波）、泉州、廣州這四個南方都市設立市舶司，熱絡地與日本、朝鮮半島、東南亞諸國，甚至與伊斯蘭圈的商人進行貿易。同時，中國商人也積極地往海外發展。

在東南亞，唐朝滅亡之後，越南逐步走向自立，經過吳權（九三九—九四四年）、丁部領（九六八—九七九年）、前黎朝（九八〇—一〇〇九年）等短期政權後，首個長期政權李朝（一〇〇九—一二二五年）成立。另一方面，產香木的占城（越南南部）、掌握麻六甲海峽而繁榮的三佛齊、以香辛料出口為大宗的諫義里王朝（Kerajaan Kediri，爪哇島中東部）等國則向宋朝貢。從日本琉球群島輸入最大宗的物資是硫磺，作為與西夏等國戰鬥時所使用的火藥原料。

以港口都市為據點的海外貿易，最為受惠的地區就是福建地方。由於福建整體地勢山脈縱橫，故難以擴展耕地，與內地的往來也不方便，容易成為大陸上的孤島。但福建卻擁有許多岬灣式沉降海岸的良港，因此到了「海洋時代」便機會大增，走上「交易立國」的方向。用山麓上僅有的耕地栽種經濟作物（說到福建最有名的就是茶葉），食物等生活必需品則仰賴進口，經濟活動轉為熱絡。活絡與開放的商業活動也推動文化的發展，福建成為出版文化的重鎮，不久就一躍成為全國科舉合格者最多的地方。這樣的環境，也孕育出南宋時期的大學者朱熹。

海運，旋即成為華中與華南來往的主要交通方式。但陸路的開拓也在宋代有所進展，與住在山谷內少數民族的接觸也變得頻繁。不過在將原住民編入體制內，列入戶籍加以管理的過程，還是發生了如湖南地方荊蠻的歸順問題、廣西地方儂智高之亂（一〇四一—一〇五三年）等衝突。但隨著這些衝突逐漸弭平，北宋的領土也穩定的向南方擴展。

靖康之變

被契丹占領燕雲十六州的「不完全統一王朝」，一直是北宋君臣民眾心中的一處硬傷，也成了北宋歷朝以來對外政策的重中之重。

支配著北方與西方廣大領土的唐朝皇帝，被認為是「中華世界的天子與草原世界的可汗」。相對於唐王朝這種沒有華夷之別的統治，不得不稱呼契丹君主為「北朝皇帝」的宋朝皇帝（＝南朝皇帝），為了求得統治的正當性，反而更加必須堅守所謂的「（與夷狄不同的）中華的傳統性與特殊性」。這樣的意識形態，在北宋時代隨著《春秋》學者所闡述的「攘夷論」發酵後，普遍地在士大夫之間扎根。

為了與西夏應戰，煞費苦心，急於在對外關係上有所突破的北宋，意圖利用十二世紀急速崛起的女真改變局面。但也因為對女真採取了錯誤的外交方針，終至敲響亡國的喪鐘。

十世紀之後，在中國東北部的沿海地帶，分布了許多女真的部落。其中因不夠順服而被契丹視為「生女真」的完顏部中，誕生了阿骨打這名豪傑。

阿骨打於一一一五年建立金國，一舉威脅遼國的統治，聲名大噪。

北宋得知金國反遼後，認為這是利用金國奪回燕雲十六州的大好機會，毀棄與契丹締結百年以上的澶淵之盟，轉向與金合作。後續雖然如宋的盤算，金宋開始夾擊遼國，但宋卻在幾場重要的戰事之中毫無建樹，連早已兵疲馬弱的遼軍都無法戰勝。一一二二年的契丹征討，事實上是由金單獨取得了勝利。

金與宋的關係，在契丹這個共同外敵消滅後，雖然一度進入和談的階段，但旋即破裂。宋不僅在戰爭中毫無戰果，在和談中還視金為夷狄反覆加以耍弄，毫無誠意，招致金國大怒。雖然此時金太祖（阿骨打）過世，金太宗（吳乞買）甫即位，但對金的實力絲毫沒有產生影響。一一二三年，金開始揮軍，南下華北。

毫無招架之力的宋徽宗，慌忙拋棄帝位，傳位欽宗（一一二六—一一二七年在位），被迫在不利的條件下向金求和。宋朝內部又分裂成為主戰與主和兩派，就在反覆拿不定主意之間，金又再次發動攻勢。一一二七年，開封陷落，宋投降。徽宗、欽宗兩帝被俘虜至北方，隨著開封城內被搜括的財貨一併有去無回。

當時的年號為靖康，北宋的命脈也隨著「靖康之變」（靖康之難、靖康之恥）而告終。此時的日本，京都的白河院政正邁向結束，平泉剛建造好中尊寺金色堂。

第四章

走向海上帝國之道——南宋

宋磁（青磁鳳凰耳花生 銘「萬聲」，國寶，和泉市久保惣紀念美術館藏）

一、金與蒙古的對峙

南宋－江南的流亡政權

金軍擄走徽宗、欽宗二帝後，隨即在化為無主之城的開封，樹立了新的政權。被金指名為新政權之首的人，為宰相張邦昌。張以受百官擁戴的形式登基，看似成立了繼承宋的正統王朝——楚，但無庸置疑，楚不過是金的傀儡政權而已。由於金的勢力範圍快速地擴張，但人口卻不多，所以對於自己不熟悉的新征服領土，才會採取較為實際的方式——漢人的間接統治。

由於除了二帝之外，金還幾乎將所有的皇族都擄走，宋朝看似氣數已盡，但被拱上帝位的張邦昌，卻在金軍主力北上之後，採取了新的行動。他迎接哲宗的皇后孟氏入宮，再以孟氏的命令之形式，將帝位還給親王之一的康王（趙構），自己退回宰相之位。康王因為於靖康之變時，正在前往與金議和的路上而不在開封，逃過一劫。於是，奄奄一息的宋，就在瀕危的情勢之中重生。

金接到宋復活的消息後，再次展開攻擊。在宋州（南京應天府）即位的高宗（一一二七—一一六二年在位），因為無法回到開封，只好往南逃，於一一三〇年輾轉落腳杭州，並稱此處為「行在」（天子至都外行幸時的暫居處）。

但宋在南方的再起並不順利，高宗自身也因為受到爭奪禁軍主導權的政變而一時退位（明受之變）。此外，自北方逃難的民眾陸續流入長江以南，與原本的居民產生不少摩擦。其中尤以因為不堪負荷重建朝廷的重稅，而於洞庭湖一帶爆發的鐘相、楊麼之亂，歷時五年，影響最大。

金則在黃河與淮河之間成立新的傀儡國家——齊，立劉豫為皇帝，當作緩衝地帶。宋的主戰派如韓世忠、張俊、岳飛等軍人，率私家軍部署於國境地帶，與金、齊夾著淮河對峙。

秦檜與岳飛

此時大大左右金宋兩國命運的人物——秦檜，卻突然現身於杭州的宮廷。秦檜原本是北宋的官員，因為反對張邦昌就帝位，而被金俘虜到北方。明明其他同胞都還是被俘虜的狀態，為何卻只有他一人被釋放回國？原因沒有人知道。朝廷內部對這名「活著回來的男人」存疑的人其實不少。但因為曾經接觸過金的權力中樞，知道不少獨家情報，因此深受高宗信任。

獲高宗寵幸的秦檜，很快地就爬升到權力中樞，開始著手交涉與金的和談。但第一次的金宋議和卻在兩國主戰論占上風的狀況下失敗，一一四〇年，雙方軍事衝突再起。

這次的戰鬥，主戰派的諸將與先前孱弱的宋軍完全不同，立下了許多戰果。其中尤以連戰皆捷的岳飛最為知名。他所率領的精銳部隊「岳家軍」，獲授高宗親筆書寫的「精忠岳飛」旗印，屢破金軍，眼看舊王城開封就在眼前時，岳飛卻收到了料想不到的命令——「撤退」。

要求岳飛撤退的主導者，當然就是秦檜。對他而言，主戰派諸將「功高震主」的戰果，絕非好事。若將領以軍功為後盾拒和，那與金的和議之門可能就此關上。當然，岳飛眼看即將完成奪回舊王都的宿願，自然是堅決抗命。但同戰線的其他將領紛紛撤退，孤立於前線的岳飛已難回天，只好不甘的鳴金收兵。岳飛回朝後仍然不停與和平路線唱反調。最終被視其如眼中釘的秦檜嫁禍下獄，暗殺而死（一一四一年）。

靖康之變前後以來，與金持續二十年的交戰狀態，在壓制住主戰派後，宋朝內部主和的條件已經俱足。一一四二年，第二次金宋和議成立。兩國以淮河以及大散關為界，協議停戰。但此次和議的內容，卻是宋對金「奉表稱臣」的體現，和約中載明宋每年得進貢金二十五萬兩白銀，帛二十五萬匹（歲貢），無論在形式上還是實質上，都是宋向金投降的降約。

圖 24　秦檜像（浙江省杭州市岳王廟）

秦檜這名政客，因為對岳飛一連串的作為，讓他被後世冠上「賣國奴」、「大奸臣」的罵名。杭州祭祀岳飛的岳王廟一角，有秦檜夫婦的跪像（圖24），至今仍留有來此廟參拜者會向夫婦像吐

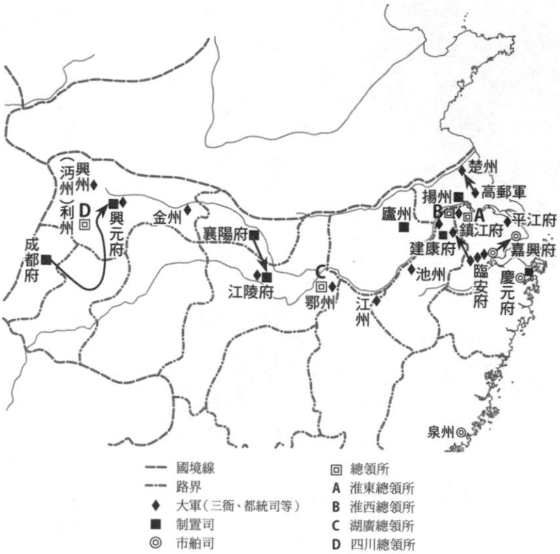

圖 25　總領所體制

痰唾棄的風俗。岳飛與秦檜的故事，也常搬上舞臺，但飾演秦檜者往往容易陷身危機，因為激動的觀眾有時會衝上舞臺毆打該名演員，甚至傳聞還有演員因此喪命。

但在實際的政壇上，秦檜卻深獲高宗信賴長達十七年。在其執政期間最重要的政績，就是設立總領所（一一四一年）（圖25）。如前所述，南宋的國防在起初是仰賴諸將領的私家軍作為抗金的主力，政府除了將這些私家軍編入國家軍隊之外，也另外成立國防軍，將軍力分別編入長江沿線的四個獨立兵務官署——總領所，加以管轄（由東至西分別為鎮江、建康、鄂州、成都）。總領所置於戶部（中央財政機關）之下，因此宋朝可以藉由補給業務對各地的軍團進行有效的控管與統御。總領所體制能避免唐末過度分權化所造成節度使擁兵自重的現象；也改善北宋因為更戍制而招致邊防軍力疲弱的弊病。總領所制度成為南宋得以勉強擊退外敵侵略的屏障，且不會受到國內武人擁兵自重的威脅，是南宋維持了一百四十餘年命脈的重要關鍵。

海陵王與金世宗的對立

一一六二年，宋高宗將其維持了三十年以上的皇位傳給皇太子——宋孝宗。高宗在傳位時身體依然硬朗，傳位後又活了將近四分之一個世紀，十分長壽。他在仍保有餘力時就進行政權的世代交替，可能是為了輔助孝宗的政權穩定，在自己有生之年讓以養子身分繼承帝位的孝宗能確實掌權。

孝宗原本為北宋太祖的第七代孫，宋朝自從太祖之弟太宗繼承帝位以來，都是由太宗的子孫繼承帝位，高宗自身也是太宗一系的後代。由於高宗的嗣子

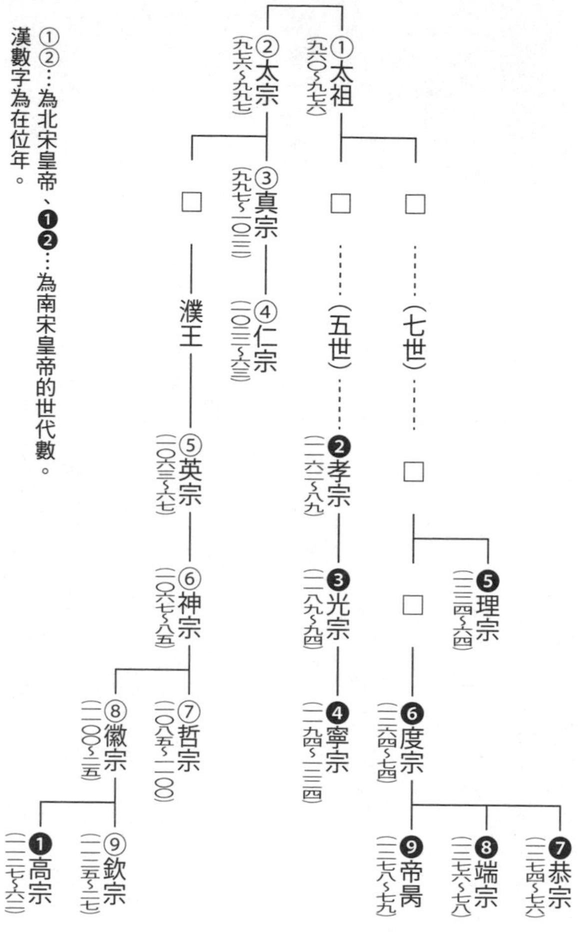
①太祖（九六〇~九七六）
②太宗（九七六~九九七）
③真宗（九九七~一〇二二）
④仁宗（一〇二二~六三）
濮王
⑤英宗（一〇六三~六七）
⑥神宗（一〇六七~八五）
⑦哲宗（一〇八五~一一〇〇）
⑧徽宗（一一〇〇~二五）
⑨欽宗（一一二五~二七）
❶高宗（一一二七~六二）
（五世）
❷孝宗（一一六二~八九）
❸光宗（一一八九~九四）
❹寧宗（一一九四~一二二四）
（七世）
❺理宗（一二二四~六四）
❻度宗（一二六四~七四）
❼恭宗（一二七四~七六）
❽端宗（一二七六~七八）
❾帝昺（一二七八~七九）
①②…為北宋皇帝、❶❷…為南宋皇帝的世代數。
漢數字為在位年。

圖 26　宋的皇室世系

早逝，加上太宗系的諸王都在靖康之變時被擄走，高宗於是將太祖家系中幸免於難的子孫選入宮廷養育，最後被立為皇太子的人，就是孝宗（圖26）。

孝宗政權甫定，國境上就爆發了危機。金突然毀棄簽訂長達二十年的第二次金宋和議，開始出兵南宋。主導攻擊南宋的皇帝為完顏亮（女真名完顏迪古乃，一一四九—一一六一年在位）。他殺害先王熙宗簒帝位，意圖打造一個中華式的君主極權政體，也逐漸顯露出他覬覦華夏的野心。一一六一年，在位第十三年時，醞釀多時的他開始揮大軍南下。此次的進攻，不只從陸路，也從海路發兵，幾乎是舉金國之國力發動對宋的總攻擊。未幾，金軍突破淮河，攻陷揚州，但於采石磯之戰，被拒於宋將虞允文，最終並未跨越宋的長江防線。

沒想到，此時金軍的後方卻出現意料外的情勢。同為金國宗室的完顏烏祿在遼陽發動政變，趁皇帝出征時簒位為帝，為金世宗。北方的政變傳至南方的前線之後，造成遠征軍人心惶惶，完顏亮最終被隨軍的將領們所殺害，部隊也撤退回北方。死於非命的完顏亮，死後從皇帝被降格為郡王，史上遂以其謚號「海陵王」稱之。

這場金宋之戰最後以海陵王的獨角戲告終，也讓擊退金軍的宋軍在和議上占了上風。之後所締結的第三次金宋和議（一一六五年），比起第二次的金宋議和，獲得金大幅度讓步的成果。兩國從「君臣關係」改稱為「叔姪關係」，象徵藩屬的「歲貢」也改回北宋時代的「歲幣」用詞，所需支付的錢財數額也降低。

第三次的金宋議和，在兩國之間又持續了三十多年。此時君臨兩朝的金世宗與宋孝宗也年齡相仿，在位期間也幾乎重疊（金世宗一一六一—一一八九年在位；宋孝宗一一六二—一一八九年在位）。這兩位帝王分別代表了兩國的全盛期，在十二世紀的史書上留名。

孝宗的統治期間，並未出現掌實權的臣下或親信，在南宋一百五十餘年的國祚之中實屬罕見。孝宗活用御筆制度，傳達皇帝的親令至直屬的官廳，同時積極任用武臣出身的官員，發揮獨特的領導風格，在其近三十年的執政期間，維持了南宋的安定。

韓侂胄至史彌遠

南宋的安定，至一一八九年孝宗退位，皇太子（光宗）即位後開始出現動搖。光宗夾在其後盾孝宗與積極干政的皇后李氏之間，最終出現精神上的異狀，連一一九四年孝宗逝世的喪禮也無法主持。之後宗室之一的趙汝愚（一一四〇—一一九六年）等人出來收拾善後，廢光宗帝位，擁立二子嘉王即位，是為宋寧宗（一一九四—一二二四年在位）。

在這齣皇帝的更迭劇中，扮演關鍵操盤手的是，新帝的外戚韓侂胄（一一五二—一二〇七年）。韓是在孝宗時期受到重用的親信武官，為北宋名將韓琦的曾孫，不只出身優異，還迎娶高宗皇后與寧宗皇后出身的吳氏一脈的女性為妻，在朝廷內逐漸嶄露聲望。韓侂胄之後還鬥倒趙汝愚，掌握朝政實權。

然而，宋朝畢竟是個重文輕武的朝代。先帝寵臣、武官出身的韓侂胄，對科舉出身的士大夫懷有深刻的自卑感，這種心理也促成了「慶元黨禁」（偽學逆黨之禁）的爆發。「慶元黨禁」為韓侂胄認定道學為「偽學」，大舉打壓道學一派知識分子的政治鎮壓事件。道學為北宋後期程顥、程頤開創的新儒家學派，原稱理學（次章詳述），於十二世紀後半在一代宗師朱熹等人的發揚下，其思想普遍於士大夫之間傳播。基於理想論、原則論的道學，對朝政往往帶有批判的觀點，也因此造成道學派的官吏被韓侂胄所厭惡、打壓。

由於韓侂胄對於個人聲望的自信不足，因此積極試圖為自己創造出新的功績。武臣出身的他選擇用對外的武功證明自己，而提出了北伐金國的計畫（一二〇六年）。韓所構想的北伐，其實並非全然有勇無謀之舉。韓掌握到同時期蒙古高原上成吉思汗的勢力已經開始發展，威脅到金國北方邊境的軍情。認為夾擊作戰有機會奏功的韓侂胄，對金發動了軍事行動（開禧北伐），但戰況卻陷入膠著，並無多大戰果。

南宋朝廷對於韓侂胄的用兵失策不滿之聲漸起，在禮部侍郎史彌遠（一一六四—一二三三年）的策畫下，將韓侂胄暗殺，取韓首級向金議和，是謂第四次金宋議和（一二〇八年）。在和約內容中，兩國關係從「叔姪」又倒退回「伯姪」（金宋之間地位差距拉大），不只歲幣的金額增加，宋還需向金額外支付賠償金。

取代韓侂冑掌權的史彌遠，至其一二三三年過世前，位居宰相之位長達二十六年。與權力基礎不穩的韓侂冑不同，史彌遠出身明州望族，父親史浩曾任宰相，史彌遠自己也是進士登科，在經濟上與文化上都是個不折不扣的菁英知識分子、典型士大夫。

史彌遠專政期間，恰好與金被蒙古壓迫，於一二三四年亡國的時期重疊。此時的南宋對外同樣採取遠交近攻策略，和蒙古、攻金國，國內也進入戰時體制，但政治上則相對安定。這段期間，寧宗於一二二四年逝世，史彌遠強行擁立王室遠親即位，是為理宗（一二二四—一二六四年在位）。理宗在位長達四十年，但即位最初的八年，政權仍掌握在史彌遠手中，理宗只是個傀儡皇帝。一二三三年，史彌遠逝世後，理宗親政，南宋的命運也步入新的篇章。

南宋的滅亡

理宗親政後，首先重用的是道學派的領袖真德秀、魏了翁等人，推動政治改革。這段在元號為端平年間推動，卻在短期間內就挫敗的改革，史稱

「端平更化」。

雖然改革不順利，但政府在山東曲阜的孔子廟所祭祀的儒者中，移除王安石的牌位；改列周敦頤、程顥、程頤、張載、朱熹等歷代道學的代表人物（一二四一年），讓曾經遭遇不少風波的朱子學在學術上與思想上取得正統的地位，為中國文化史上一大重要轉捩點。

理宗個人則在端平更化不甚順利之後，對政治失去熱情，為宦官專權提供了空間與機會。所幸，北方邊境的蒙古自身也陷入內訌，並未面臨左右國運的重大處境。

但蒙古在蒙哥（憲宗，一二五一—一二五九年在位）即位後，局勢開始出現變化。蒙哥在掌握了蒙古國內的政治主導權後，一二五八年開始正式揮軍攻打南宋。其中尤以忽必烈的軍隊所攻打的鄂州（湖北省）戰況對戰局至關重要，因此南宋也派遣宰相賈似道（一二一三—一二七五年）親自督軍防守。

沒想到，一二五九年，率領蒙古大軍親征的蒙哥，卻於四川猝逝。此時正在包圍鄂州的忽必烈，擔心留守蒙古高原的弟弟阿里不哥將順勢稱帝，急著答應賈似道祕密議和的要求，離開前線，大舉班師回到根據地上都開平府，在身邊諸將的推舉下，自行召開部族大會，會中宣布繼承大汗之位（世祖，一二六〇—一二九四年在位）。

南宋方面，賈似道則是隱匿議和的真相，以凱旋之姿回國，成為一名救國的英雄，穩固了他之後高居宰相之位掌權長達十六年的基礎。雖然後世多以「亡國宰相」評論賈似道的功過，但他任內其實在經濟政策上有不少貢獻。代表性的事例就是「公田法」，政府出資購買大地主超出持有許可之外的土地，作為公田，公田的收穫充作軍糧，讓軍糧的調度更為合理與順暢。

但忽必烈在與阿里不哥的內戰獲勝之後，開始重整旗鼓。這次面對蒙古再次的南下，南宋已劣勢盡顯。一二六四年繼理宗位的度宗（一二六四—一二七四年在位），無視國家大事，縱情酒色，中央政府日漸失能。

國防上最重要的據點襄陽，在守城五年後，於一二七三年終告陷落。之後，蒙宋之戰的戰局也開始失速。曾經創下「鄂州奇蹟」的賈似道率軍親征，卻在丁家洲之戰慘敗，杭州自此徹底失去屏障。一二七六年，南宋以理宗皇后謝氏懿旨的名義，全面向蒙古投降。

杭州被攻陷後，陳宜中、張世傑、陸秀夫、文天祥等人奉度宗遺孤，仍在福建、廣東一帶游擊抗戰，但殘存勢力漸漸被消滅。一二七九年，在廣州厓山（崖山）海戰全軍覆滅後，少帝被臣下背負投海，南宋滅亡。十世紀，在燕雲十六州被奪的狀態下誕生的宋朝，三百多年來持續受到北方游牧民族國家威脅的王朝宿命，自此告終。

二、江南的繁榮

杭州——破格的「首都」

南宋的歷代皇帝往往稱呼其所居住的杭州（臨安府）為「行在」。如前所述，這個名稱的意涵代表「天子在都城外行幸時的臨時居所」之意。亦即，杭州一直被當作只是個「天子離開本來的王城（開封）暫時外出的住所」而已。南宋的杭州與東晉的建康，都是從類似的起點，獲得了成為中華王朝「首都」之一的歷史機運。

雖然杭州原本在春秋時代曾為越國的都城，但之後就一直停留在中等規模的地方城市。西臨西湖，西南倚鳳凰山，東南接錢塘江的杭州，平地較少，較沒有進行大規模都市營造的天然基礎。到了十世紀，吳越以此為根據地開始往海上發展後，逐漸恢復繁榮。北宋時代，杭州在江南已經發展到僅次於蘇州的都市。

但另一方面，杭州的都市格局卻無法完全再現唐代長安、洛陽的規模。這些得以重現「天下秩序」宏偉構想的王都，皆是打造於北方的大平原之上。北宋的開封在唐末還只是個地方都市，但因為外城仍有擴展的餘地，因此勉強維持了作為一個首都的體面。

相對於前述這些首都，杭州雖然在都城南方的鳳凰山麓上確保了王宮居高臨下的地位，但政府各個官廳卻散布於城內各處，王宮也不像傳統的規畫般，置於都城的北面。王宮北門向北方雖然設有一條主要商店大街（御街），但外郭也未按照條坊制建設方形的城牆。因為畢竟只是「行在」，所以衍生出不少因地制宜的規畫〔圖27〕。

不過，在靖康之變後，杭州吸納了許多雜沓而來的北方流民，在南宋

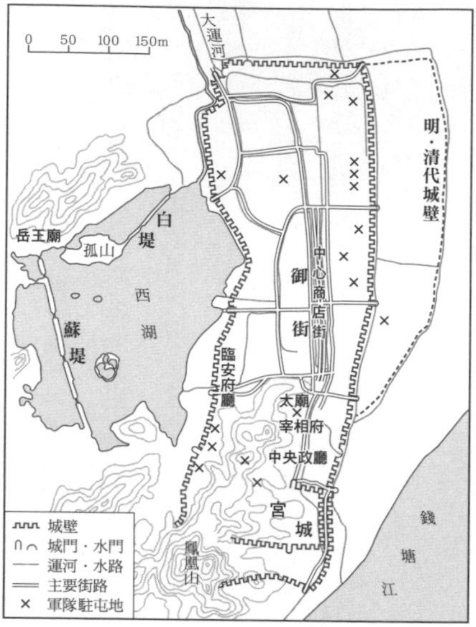

圖 27　南宋時期的杭州

一百五十年的歷史過程中，逐漸轉變成為世界首屈一指的繁華大都市。如孟元老記錄北宋開封城繁華風貌的《東京夢華錄》般，南宋杭州的繁華風情，可以參考南宋末年至元朝初年時吳自牧的《夢粱錄》與周密的《武林舊事》等書。

以御街為中心發展的商業區，除了金融機構之外，果菜魚肉市場、各種零售商店，陳列著豐富的物產資源。從附近的農村、漁村直接送達的蔬菜與魚肉，經由水運運送到城內的米穀、衣料、陶磁器、薪炭、木材、鹽、茶、酒等國內的各式特產，一應俱全。另外，還有來自海外的香料、藥劑、裝飾品等奢侈品等，滿足富裕階層的需求。

商業活動繁榮後，酒樓、妓館、劇場等娛樂產業也應運而生。「瓦市」中有講史、說書、歌謠、曲藝、演藝等各類賣藝人聚集，娛樂市民。在杭州所誕生的商品或有償服務，可以見微知著地觀察到南宋時代「社會分工與商品流通」高度發展的具體狀況。

都市的人們

都市的發展，也催生出大量的商人。他們大多在王宮之西的鳳凰山麓上搭建宅邸，在杭州城內屬於十分醒目的新興階級。

商人階級對南宋時期的經濟發展帶來巨大的貢獻，無論是就市場的規模，還是都市化的程度而言，南宋時期的市場經濟水準都大幅凌駕同時代的歐洲。商人馬可波羅從十三世紀末起旅居杭州，從他的遊記中，就可以窺見他對於當時繁榮狀況的驚嘆。

都市化的風潮，也影響到下層社會的民眾。他們紛紛離開自己的本籍地流入都市討生活，成為雇傭勞動的基礎人力。

這些下層民眾的「就業出路」也是多彩多姿。比如受雇於政府當士兵（募兵），就能住在都城內禁軍的軍營接受訓練，或者受雇於宗室諸王或高官、富商等當幫傭。在這些職業中如果表現不錯的話，也有機會獲得終身聘用，屬於比較好的出路。另外，若具有「一技之長」的人，也可以擔任藝人或遊妓等工作維生。就算沒有任何專長，也能從事土木工作、運輸業、水肥工等領日薪的單純勞動工作，甚至當個乞丐，或者加入盜賊團等黑社會組織，不怕找不到餬口的機會。隨著都市的發展，社會的分工日趨細化，也給了這些外來的打工者日漸寬廣的生存空間。

都市化的浪潮，也擴展到都城的周邊。以人口百萬的杭州為頂點，江南三角洲一帶分布著許多人口從數萬到數十萬規模的都市，也帶動了其他地帶中級都市的發展。商品經濟發展至農村後，被稱為市、鎮等提供當地產品的市場跟著誕生，這些產品也隨著村與縣（國家的末端行政單位）的網路，向大都市流通。

社會分工的細化、商品經濟的發達，加上水運等基礎設施的完備所帶來的成本削減，這些要素之間彼此互為因果，推動著都市化的發展。部分產業也成為地域特有的產業，當地不足的物資則由其他地區輸入。南宋時期，區域分工的可能性獲得充分的發展，而受惠最多的地區，就是第三章也提及過的福建（一六八頁）。

「古典國制」的理想社會為「男耕女織」，亦即男女分工生產生活必需品（衣物與糧食），過著自給自足的生活。到了這個時代，可以觀察到都市化的浪潮已經明顯的改變了「古典國制」中原本描繪的社會型態。

商業發展的歧路

南宋時代雖然締造出當時世界上首屈一指的都市經濟規模，但借用法國漢學家謝和耐（Jacques Gernet，一九二一－二〇一八）所著《蒙元入侵前夜的中國日常生活》（日文譯本《中國近世的百萬都市》，*La vie quotidienne en Chine à la veille de l'invasion mongole, 1250-1276*）的說法，當時的商業雖然蓬勃發展，但當時中國的商人卻「除了發財之外什麼也不做」。換句話說，與推動西方近代化的中產階級不同，中國的大商人最終就是個商人。這是在思考近代至現代的中國史時，都必須考慮的一個角度。

中國與西歐的命運產生分歧的原因有很多，但商人從未從國家權力之中形成一個獨立的階級，是其中一項很大的要因。

在歐洲，中世紀以後工商會逐漸形成獨自的身分認同集團，開始選任代表參加都市的議會。近代到了中產階級出現以後，各行各業同樣會選任代表送進議會，對於緩和各種限制以及推動自由經濟的發展，做出了很大的貢獻。

中國方面，至宋代時也出現了名為「行」的同業組織，約與歐洲工商會的出現時代相仿，因此過去多有這是中國資本主義萌芽階段的看法。但後續的研究卻指出，「行」主要的機能大多為配合國家進行物資的調動，以及當國家徵收財物時，提供得以消費這些財物的市場等功能為主。可見，中國的「行」與歐洲工商會以自律性與團結性爭取排他性的經濟特權的團體不同，較難給予一個清楚的定位。

如此一來，在前近代的中國經商致富的富裕階層，要如何維持或擴大其實力？如前章所述，富商們與士大夫相同，若什麼都不做，家產將因為均分的傳統習俗而逐漸零碎化，因此必須要積極擴大經營的方向，比如培育有才學的子弟參加科舉，讓有商業頭腦的子弟繼承家業，不考科舉不經商的子弟則購買土地使其成為地主等，多方面地進行各種「積極」的家業經營規畫。換言之，一個家族之中的常態，可能往往是同時存在從事士、農、工、商的各種職業階層（當然中國的士指的是士大夫，而不是日本的武士）。若有必要也會考慮遷移居住地，或者對內對外去分散家族的居住領域，以減少家族在一地久居可能造成的風險。可見，中國式的家族經營方式，無論是在地域方面還是在業種方面，都是採取全方位的多方發展模式。

當然，其中最為理想的家族經營模式，就是家族培育出科舉登科的人才了。

宋代以後的科舉官吏，大多集「官吏（政治家）、地主（資本家）、讀書人（文化傳承者）三位一體」的身分。這與日本或歐洲以職業身分進行權責區分的社會（如日本的政治權力集中在武士階層，經濟實力由豪農或豪商掌握，文化則由公家或僧侶維繫傳播）有很大的差異。在中華帝國則是只要當了官，就等於同時獲得了政治力、經濟力與文化力等君臨社會的一切實力。所謂的「升官發財」這句俗語，正密切地表達出在中國社會中，政治上的成功與經濟上的成功之間密不可分的關聯性。

富商階層之間也會彼此結合成為具有歸屬感的身分團體，但結合的目的並非與國家政權對抗（因為是以家系為單位的結合，並非是以業種為單位的結合，家系之中的業種也因為多角化經營的關係並不統一，因此以業種為前提的結合條件並不存在），而是在國家權力傘下，往國家機構的上層發展。前近代中國之中的經濟成功者，最終並未發展出足以掣肘國家權力的身分團體。

西歐方面，家系與職業具有緊密的相關性，且多為世襲繼承制（這點日本與西歐也比較相近）。換言之，中國的社會傾向家產均分、多角化經營、社會流動度高、身分階層區別不嚴明；而西歐（日本）則為長子單獨繼承、家職一體、單項經營、社會流動度低的身分制階級社會。這種社會結構的對照性，是探討世界史在近代化過程中所產生的「分歧」時，極為重要的一個觀點。

江南的開發──第二發展期（之三）

唐代中期以後，江南的開發進入「第二發展期」，這段發展期到了南宋時期依然順利延續。北宋末年的混亂，數百萬規模的移民人口從北方湧入後，為江南三角洲周邊的開發，提供了豐富的勞動力。江南一帶的微高地，運用蓄水池等設備，得以實現水田的開墾，提高農耕經營的穩定性。低濕地帶的田地則稱為圍田、圩田、湖田等，以堤防擋住海潮，進行田地的開發與屯墾

〔圖28〕。

稻作品種與農具等在技術面上的改良成果也很顯著。北宋時期導入的占城稻等早稻品種開始普及，成為大眾平價稻種，成為南宋時期人口增加的糧食後盾。品質較好的晚稻品種則作為納稅品或滿足富裕階層的需求，因為商品價值高，也向國內外輸出。隨著印刷出版技術的發展，該時期代表性的農業技術書《陳旉農書》廣泛流傳，不只推動施肥栽種方式的正式普及，對於推廣長床翻轉犂等以一頭牛即可拉動之小型輕量農具的普遍運用，皆產生很大的功效。

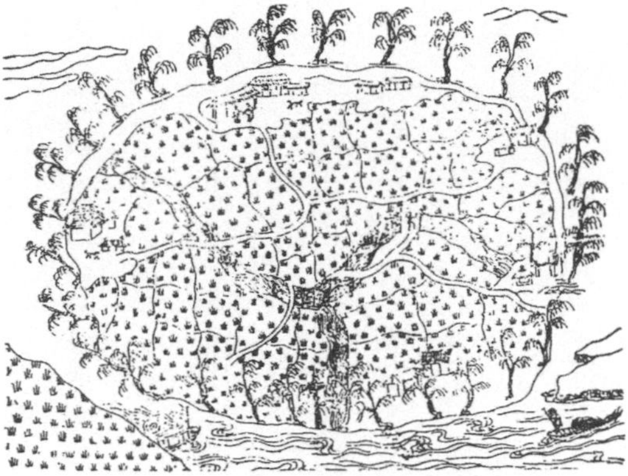

圖 28　圍田（摘自王禎《農書》）

「蘇湖（蘇常）熟，天下足」——以江南三角洲一帶為主的開發，對南宋治理下的農業生產，帶來了長足的成長。

宋代農村的戶籍分為主戶、客戶兩種。關於其定義有許多說法，但大多傾向認為擁有私有田地、全額負擔稅賦者為主戶；無私有田地（大多至他人的田地耕作）、僅負擔部分稅賦者為客戶。南宋的統計之中，主戶約有七〇至八〇％；客戶約有二〇至三〇％左右，是以自耕農為主的結構。

但主戶與客戶的區分，其實並不能全然反映各戶的經營實態（自耕農或佃農）。沒有土地的客戶雖然無爭議，但就算是主戶，也有為了補貼家用等其他的理由，前往別人家當佃農的例子（稱之為「自耕兼佃農」）。

這個時代的生產關係，多被稱為「地主─佃戶制」。日本的中國史學界在一九五〇至六〇年代關於佃戶（佃農）的「時代區分論爭」，展開激烈論戰。周藤吉之（一九〇七─一九九〇年）、仁井田陞（一九〇四─一九六六年）等歷史學研究會的學者（歷研派），認為佃戶與地主之間具有強固的隸屬關係，與西歐史中的農奴類似，據此提出「宋代中世說」；另一方面，宮崎市定等京都學派則認為地主與佃戶之間是一種契約關係，佃戶是自由度較高的有償勞工，而提出所謂的「宋代近世說」。雙方的主張雖然如平行線般沒有交集，但論爭的過程產生了許多實證化的成果，最後達成要單純將佃戶認定為農奴有一定困難的共識。

亦即，南宋的「農村之中分為富農（地主）與貧農（佃戶），前者對後者進行無盡的榨取剝削」這樣的認知，可能與真實狀況有很大的差距。

首先，農村內占大多數的一向都是小農民，不應過度強調大地主的影響力。再者，地主的所有地大多呈現零碎分布的狀況，擁有整片大土地的地主並不多。第三，就算稱之為佃戶，完全受制於單一地主的隸屬農極少，還是以自己也有土地的自耕兼佃農，以及自由度較高的契約制佃農為多，這些型態的佃戶與地主之間的隸屬度皆不同。最後，地主的地位，與士大夫一樣，都會因為家產均分的慣習，而具備一定程度的不穩定要素。他們還是得靠多角化經營（進入官場或進軍商場）來維持自身的地位，能數代保持優勢的地主並無想像中多。

南宋的經濟統合——財政與貨幣

南宋的人口，在十二世紀末的安定期推論大約為六千萬人。長江以南因為山地多，因此江南三角洲一帶的平原聚集了大量的人口，屬於高密度人口的社會。經由本節的論述可知，南宋的社會無論是都市還是農村，與前代相比，人口流動性都顯著增加。面對這種狀況，南宋王朝中樞因應的方式為何？對此，我們可以透過南宋的國家財政政策進行分析了解。

首先，歲入與歲出的關係與北宋時代的差異不大。以官吏（約近四萬人）以及募兵（一百萬人）的薪資占了大部分的歲出，這些支出主要由兩稅、間接稅（專賣、商稅、酒稅、對外貿易收入等）與「和糴」（官府出資購買流通於市場上的商品米後轉賣的收入）等加以負擔。間接稅與和糴主要是取決於商品經濟的財源；兩稅則是以州縣為單位徵收固定的數額（定額制），因此不需要像唐代的租調役制般時常進行戶籍的管理與更新，可以說是適合南宋社會分工分業發展的稅制設計。

在財政的供需上具有重要地位的漕運，主要由前節也提過的長江沿岸四個總領所負責，但其結構已經與北宋時代有了很大的不同。北宋是以開封為中心，直接連結北方與江南的物資；南宋的總領所則是分別負責不同的區域。對於邊防必須仰賴岳飛等武人軍團維持的南宋，需要調整出一套能同時符合國防需求，又能遏制武人軍團過度成長的制度。換言之，新的總領所體制，比較能兼顧這個難題。

另外，南宋時期的貨幣政策，不只要因應邊防緊張的國家難題，也需要符合商品經濟的活性化所帶來的社會變化與發展，故貨幣政策實為財政政策中的重中之重。

基礎通貨——銅錢的鑄造額，在十一世紀後期王安石變法時期到達頂峰，之後漸次下跌。加以銅錢流出海外等因素，到了南宋時期僅靠銅錢已經無法完全支應貨幣上的需求。因此南宋開始正式導入北宋時代也曾經使用過的鐵錢與紙幣（「會子」等）。鐵錢是為了防止銅錢的流出而主要在金宋等邊境使用的貨幣；紙幣則按照流通地域分為東南會子、淮南交子、湖廣會子、四川錢引等，除了嚴格限制地域間紙幣的流通外，紙幣的發行量也會參考銅錢的儲備量印製。但到了十三世紀開禧北伐之後，紙幣印製的限制

圖 29　銅錢（皇宋通寶）與會子

開始緩和，與銅錢之間的兌換逐漸脫鉤，通貨膨脹等政權末期的各種經濟病狀也如預料之中的陸續發生〔圖29〕。

南宋時期，除了法定通貨之外，也開始使用白銀。但這個時期的白銀大多用於官吏或士兵的薪資、專賣，或者與外國（外地）進行大數額的遠方貿易等場合，並沒有實際滲透到貨幣的使用尚未完全普及的鄉村地帶。

總之，南宋時期的財政主要依託的財源已經轉向商品經濟層面。與唐代以國家權力嚴格掌握、頻繁更新末端人民戶籍的財政方式，產生了很大的質變。這種「專制國家與基層社會產生乖離」的社會關係（後述），至宋代以後益發明顯，從財政上也可以明確地觀察到這樣的狀況。

三、海上帝國的形成

「海洋時代」的輝煌

清淨寺，這間伊斯蘭清真寺，是福建省泉州市代表性的觀光景點之一，創建於北宋前期（一〇〇九年），至今一直是當地伊斯蘭信仰（伊斯蘭教、回教）的中心〔圖30〕。

說到中國的穆斯林，一般可能都會聯想到西北部的回族或者維吾爾族等民族。這些地域的回族信仰傳播的路徑是陸路；另一方面，我們也不能忽略經由東南亞海路傳播至中國沿海的回教信仰。時至今日，穆斯林人口最多的國家仍然是印尼。回教與佛教一樣，傳播的路線都有北傳與南傳兩條，善於經商的穆斯林，在歐亞大陸擴張商業版圖時，也同步開發陸路與水路兩條路線。

圖 30　泉州清淨寺

始自唐代的文獻，就可以查閱到伊斯蘭教信仰南傳的紀錄，七世紀時的波斯人、八世紀以後的大食人（阿拉伯人）至交趾與廣州活動，九世紀時新羅商人與中國商人也至該地域發展，宣告「海洋時代」的揭幕。船隻技術的改良以及季風運用知識的增加，大幅提高航海的安全性，也間接推動了這個時代的蓬勃發展。

十世紀時，東南亞的港口都市國家經由貿易發展國力，互相拮抗。其中以沉香貿易繁榮的占城，麻六甲海峽諸國聯合體三佛齊，以及輸出米、鹽、手工業產品的爪哇三國為主要勢力（第三章一六七頁）。

中國沿海的港口都市也在這樣的趨勢中漸次發展。代表性的都市，在杭州灣以南的南洋方面有廣州、潮州、漳州、泉州、福州、溫州、台州、明州

圖 31　戎克船
（中國古帆船，上圖：摘自 Jan Huygen van Linschoten《東方案內記》，1596 年；下圖：復原模型）

（寧波）等。其中廣州與泉州設有穆斯林商人的居留區「蕃坊」。這一帶的海域水深，適合尖底構造的戎克船（Junk，中國古帆船）出入。戎克船之中，有乘員數可達數百名，積載量數十噸的大型船體，曾經向西越過印度洋，遠航至非洲東岸〔圖31〕。

杭州灣以北的北洋方面的港口都市，有登州、密州等，因為港口水淺，比較常用的為平底的沙船。

同時期，羅盤技術與航海圖已受到廣泛運用，銀票等匯票制度的出現，也加速了遠隔地交易的發展，更進一步推動了「海洋時代」的發展。

海上帝國——南宋

北宋在前述港口都市之中的杭州、明州、廣州設有市舶司（之後追加了泉州），負責管理對外貿易，用以增加國家收入。到了南宋後，因為失去北方近半的領土，對外貿易的利益更成為珍貴的收入來源，重要性倍增〔參見本書卷頭地圖〕。

來自海外的舶來品，首先必須要至市舶司進行課稅（抽解），部分指定商品由官府先行收買（博買），剩下的商品則由中國的商人至市舶司購買進貨，這些收入皆成為國庫的重要收入來源。

東南亞與西亞的舶來品中，有士大夫或寺廟喜愛的香料（乳香、沉香、白檀等），可廣泛應用於藥用或食用的香辛料（胡椒、肉豆蔻等），以及裝飾品的材料如犀牛角、象牙、珊瑚、瑪瑙、玳瑁、琥珀等。值得注意的是，中國輸出的產品雖然以絹和陶磁器為主，但銅錢也常常違規輸出。當時的宋錢並沒有如宋朝政府的預期，在政府管控下只在國內流通，反而廣泛地在日本與歐亞大陸的東方流傳，用現代的角度觀之，已經具備國際貨幣的性質。

隨著貿易的發展，中國對於南方諸國的關心也升高，相關知識也逐漸累積。南宋時代有周去非蒐羅廣東、廣西地方情報所寫下的《嶺外代答》（一一七八年），以及泉州市舶司提舉（長官）趙汝适著有《諸蕃志》（一二二五年）等書籍。這些書籍之中除了記述了交通路線、各國的位置關係、政治制度、風俗、物產等與中國國內的地方志相仿的項目之外，還詳盡記錄了熱賣商品的介紹、於貿易國所生產產物的採收、加工法、與當地的交易規則等商業本位的項目，是十分具有時代感的文獻。

對於南宋而言，與海域諸國的關係，不只在經濟面上，在國際政治方面也具有重要的意義。因為這些海域諸國會定期派遣使節團向南宋朝貢，形成一個以南宋為中心的華夷秩序圈。在契丹、女真等「北朝」草原勢力抬頭之後，高麗等北方諸國皆轉向「北朝」朝貢，因此南宋華夷秩序的組成便轉向海域諸國。

放眼海洋、重視國際貿易、對內包圍「北朝」勢力，這種六朝時代普遍可見的「江南立國的定海神針」國家經營模式，也在南宋時代重現。

南宋對抗金及蒙古的另一個重要基礎，就是海軍實力。南宋的海軍，以部署在漢口與長江口的大海軍為主力，一一六一年曾於山東沿海擊破金軍，屢次為南宋的戰況帶來轉機與優勢，為維護南宋國勢不可或缺的重要軍事力。

但在一二七六年杭州陷落後，南宋失去最大的海軍基地，國力迅速衰弱。往南逃的流亡政權曾經希望藉泉州市舶司提舉、阿拉伯裔的「巨商」蒲壽庚之力，以泉州為據點反擊蒙古。但蒲壽庚對於南宋政權強制徵收其資產的做法感到不滿，最終決定切割宋室，投靠蒙古。由於蒲壽庚擁有大量資產與船舶，他的背離成為宋室再起的致命傷，南宋不得不放棄福建，逃往宋室的最終滅亡之地廣東。「海上帝國」——南宋，就連王朝命脈的終結，也與海洋息息相關。

由上所述，我們可以歸納出南宋王朝的幾個特徵：一、與海域諸國建立朝貢體系，維持中華王朝的體面；二、與海域諸國的貿易為其經濟基礎；三、國防的軍力以海軍為主力。故就國際政治面、經濟面、軍事面觀之，南宋都可說是一個名副其實的「海上帝國」。

說到中國，給人的印象大多是大陸國家的形象為主。但其實不能忽略的是，至二十一世紀為止，中國一直保有「海洋立國」的一面。若要理解中國近年在南海開展「海洋戰略」的行動原理與背後因素，則歷史上的起點如六朝與南宋的「海洋視角」，就具有十分重要的參考價值。

從寧波看日本

中國大陸「海洋時代」的發展，也向東方延續，影響到日本。九世紀遣唐使「廢止」之後，日本仍有許多佛僧以半官方的身分渡宋；同時，以跨海商人為主的民間交流也更加興盛，前章提及平安時代中期的唐物風潮，也是在這樣的時空背景下席捲日本。

中國方面與日本往來頻繁的港口都市，在唐代的時候以揚州為主，到了五代的吳越以後，重心則轉移至明州（寧波）。宋代時，寧波設市舶司，負責管理與日本的貿易。寧波由河口溯甬江而上至市域間的水路較深，為適合大型船隻停泊的良港；其商品的腹地以絹與陶磁器等價值高的產品為主，可謂十分優秀的商業都市。

至南宋後，寧波的重要性更為提升。由於寧波與首都杭州距離很近，加上位於北洋與南洋中間的絕佳地理位置，因此港口中停泊著來自西方伊斯蘭文化圈與來自東方日本的各式各樣船舶，其繁榮的盛況，一直持續到清末上海開始發展之前。

兩宋交替期，大陸陷入混亂的期間，日本僧人的渡宋雖然暫時有減少的傾向，但至十一世紀中葉，伊勢平氏的勢力抬頭後，推動日宋貿易，兩國之間的關係再次密切發展。南宋輸出至日本之物為銅錢、陶磁器、絹織物、書籍等，日本則以硫磺與木材為主要的輸出品。

平清盛（一一一八—一一八一年）與後白河院（一一二七—一一九二年）的

時代，與南宋二代皇帝孝宗（一一二七—一一九四年）與朱熹（一一三〇—一二〇〇年）的時代幾乎重疊。清盛的父親平忠盛（一〇九六—一一五三年）則與秦檜（一〇九一—一一五五年）生活於同一個時期。

忠盛討伐西海的海賊建功，開始與宋朝進行貿易的時期為一一三〇年代，此時宋朝剛好是秦檜掌權，致力於金宋議和的時期。清盛時期，日宋貿易達到頂峰（一一七〇年代），為南宋擊退海陵王侵略後，與金完成第三次金宋和議（一一六五年）簽訂的安定期。平氏的壯大，可以說是南宋在撐過建國初期的混亂時期後，隨著海洋立國的方向，獲得長足發展機會的一個現象。

在這個「海洋時代」受惠的不只有平氏。雄霸日本東北一帶的奧州藤原氏也是受惠者。尤其在第三代當主藤原秀衡（一一二二—一一八七年，與孝宗同時代）時，由平泉往北上河口出發，沿著太平洋航行至博多與寧波商人的交易路線成立後，除了輸出奧州產的砂金與蝦夷地的物產外，也輸入宋的陶磁器與佛典等，打造出知名的佛教都市平泉的風情。

日本佛僧的渡宋，於一〇八〇年代雖然暫時斷絕，但至一一六〇年代時，重源（一一二一—一二〇六年）與榮西（一一四一—一二一五年）等人再次啟程至大陸，其中榮西至宋修佛並帶回日本的禪宗，對後世日本的佛教帶來很大的影響。

到了十二世紀末至十三世紀的日本鎌倉時代，商人與佛僧的往來仍然持續。鎌倉幕府十分重視禪宗，從宋招聘了蘭溪道隆（一二一三—一二七八年）與無學祖元（一二二六—一二八六年）等著名的禪僧至日本傳道。此時雖然大陸已經發生了宋元革命，日本也面臨蒙古襲來等局面，但這類的文化交流一直沒有因此中斷。

第五章

「雅」與「俗」之間

朱熹像（臺北故宮博物院）與朱熹墓（福建省南平市）

本書的內容，以「船的世界」為主軸，輔以「民的世界」、「官的世界」的觀點，概觀蒙元帝國以前的「中國」史。經由本書的論述，各位讀者應該可以理解誕生於中原的「古典國制」的思想，隨著朝代的推移，逐漸擴散至長江流域與大運河沿線「船的世界」的歷史過程。

另一方面，由於各章之中關於「民的世界」、「官的世界」的論述，主要採用時代區分的方式加以整理，因此對各位讀者而言，可能有在整體概念上未盡完整之處。本書中的內容，有許多是一九八〇年之後才解明的新研究成果，雖然在學術場域已經是共通的常識，但許多知識其實尚未滲透到一般民眾階層。這些新的研究成果，對於我們理解現代中國其實能提供不少幫助，因此我們除了致力於將這些新成果放入高中的歷史教科書之外，也希望能進一步加以推廣。

本章也是基於近年的學術研究成果，對於中國史上的民眾與士大夫，作進一步的探討。因此，在進入本章的主題之前，必須要事先說明的是，本書至南宋為止的中國史，相關論述也有部分在實證研究上並不完全充分之處，並援引部分明清史、近代史研究的成果加以補充，盼讀者理解。

一、俗——地域社會的樣貌

《清明集》中所見的地域社會

正如宮崎市定稱宋代的中國為「東方的文藝復興」時期般，宋代在中國歷史上的重要性一直受人注目。其中，本章特別關注的部分為，隨著出版技術提升所帶來識字階層擴增的現象；以及，隨著出版書籍的增加，其內容也變得十分多樣化的過程及其影響。

書籍的增加，代表能流傳給後世的歷史資訊更為豐富。唐代以前的史料因為不夠充分，無法充分還原民眾世界的真實狀況；但到了宋代，較為豐富的史籍，卻能讓後人進一步充分掌握。

首先，能生動傳達出當時地域社會民眾生活的史料，首推《名公書判清明集》（以下稱之為《清明集》）。該書在大陸早已散佚多時，原本僅存日本靜嘉堂文庫宋版的極少部分流傳於世。但至一九八〇年代時，北京圖書館中發現明版的殘本，上海圖書館則進一步發現明版的完整本，成為當時學界的一大話題。

這份完成於十三世紀的文獻之中，收集了南宋時代地方官所進行的司法裁判「判語」（判決文書）的內容。各判語之中記錄了「名公」（知名的地方官）所執行的判決的過程，其中雖然也有並非集中於個別事實的紀錄，但經由名公的觀點，對於掌握當時的社會狀況而言，仍然是十分具有參考價值的史料。

書中所呈現出來的南宋江南地域社會狀況，其實十分嚴峻。被稱為「豪民」、「豪橫」的有力階層在地域社會我行我素，不時魚肉地方民眾。但民眾也並非就此認命，往往前往官府告官，主張自己的權益與正當性。《清明集》中的一例，即主張自己親戚為無罪的告官民眾，因為對判決的結果不甚滿意，甚至在官府前面自殘自傷，以昭告天下的方式宣示自己必死的抗爭決心。可見，當時的人民，即使面對不利的社會條件，也不是會輕言妥協、放棄的一群，反而具有骨氣與行動力，勇於抗爭。

地域的豪強們

然而，民眾的抵抗往往徒勞無功。在「強者」面前，優勝劣敗的現實，就如螳臂擋車般，十分嚴峻。

壟斷地域的「強者」之中，存在著各式各樣的社會集團。代表之一為「豪強」，之二為「胥吏」。

所謂的豪強，簡而言之就是「地域的強勢者」，與近世日本的豪農、豪商等特定職業起家的強勢集團不同。如前章所述，中國的地域強勢者在其家族之中大多會多方的經營其發展方向，因此如農業、商業、流通業，或者是承接政府徵稅或專賣等官營事業，都有可能是豪強經營的目標。

他們除了有地主或富商等「表面」上的身分，「私底」下也從事不動產的搜購與專賣品的私賣等事業。這些豪強大多會籌設私人的武裝集團（亦即「保鑣」）以維持自身的利益，而當這些武裝集團強行圍事時，就難免觸法，引發事端。

但是就算犯了法被取締，甚至面臨牢獄之災，對他們也不太構成威脅。

有些豪強早已買通官吏，在量刑上獲得輕判；也有人帶酒入獄，在監獄飲酒鬧事；說這些豪強天不怕地不怕也不為過。獄政官吏大多是幾年輪調的地方官，面對長期盤據地方的豪強們，大多十分忌憚。

胥吏，則是另一種類型的地域強勢者。他們雖然只是負責處理地方官府的末端實務工作（主要為徵稅或官司）的下級官吏，也並非經由正規科舉管道出身的官員。原本應該是由各地域的富有階層輪流擔任的「職役」工作，久而久之漸漸集中在少數特定的人身上，這些人即所謂的胥吏（參見第三章一五六頁）。

由於胥吏工作的原點是義務性質的職役工作，為無給職，因此他們大多於官司或徵稅時，向提訴人與納稅者收取手續費，以維生計。手續費由胥吏自訂，沒有公定的數額，因此不時發生榨取的問題。同時，因為他們介於官府與提訴人之間，有時甚至能左右官司的結果。

在《清明集》之中，記載了許多「英明的地方官」取締、處罰這些「惡質的豪強與胥吏」的案例。雖然文書之中「官府」與「惡豪」的對立看似十分鮮明，但現實之中，兩者其實大多早已結成「共生關係」（共犯結構）。也因此，如前述這種記錄了英明官吏判例的《清明集》才會廣為流傳。

以郡縣制為基礎的一君萬民體制，則是促成這種現象的必然結果。地方官大多是中央派遣的科舉登科者，三年的任期結束後就要輪調到其他地方，宛如「過客」。尤其是到了宋代以後，實施「任官迴避」制度，禁止官員赴本籍地任官，因此赴任的地方官終究是個「外人」，有些地方官連赴任地居民的日常對話都聽不懂。換言之，這些外來的地方官，若沒有當地有力人士的協助，往往無法執行行政事務。

加上歷代王朝的行政機關其實是極端的「小政府」，地方官頂多只有「錢穀」（徵稅）與「刑名」（司法）的權能，權力極為受限。歷史上中央反覆打壓地方分權（封建制或領主制）的結果，讓「專制國家與基層社會」之間，逐漸產生巨大的「乖離」（二〇二頁）。

「法律共同體」的欠缺

《清明集》中所描述的地域社會之中，還有兩點值得留意之處。第一，民間社會中所發生的各種紛爭，通常經由「縣」或「州」等國家權力所及的機關加以調停處理；第二，地域的豪強經由多角經營的方式，維持他們的勢力與地位。這兩點之間看似並無關係，其實背後卻具有共通的背景。

那就是在中國，無論是「家」（血緣集團）還是「村」（地緣集團），或是「公會」（職業集團）等，這些社會集團（中間團體）的內部，似乎並不具有所謂「法律共同體」的性質，這是近年學界間廣為討論的一種說法。

具體來說，比如家中的財產紛爭、村中的土地紛爭等，這些屬於「集團內」的糾紛，若內部有一套處理的機制，就代表這個集團具有所謂「法律共同體」的性質。但從《清明集》以及其他的中國司法史料之中，可以觀察到就連家庭內部的細微紛爭，也常被告到官府，要求國家權力進行裁判。

這與日本以家父長制為主的傳統社會，遇到事情時往往靠父執輩「登高一呼」處理事情的習慣有所不同。中國傳統社會，家父長制並無明顯的約束力，屬於國家權力滲透入家庭內部的現象較為普遍的專制國家。

在村子中，同樣不存在以集團為單位協調團體內部成員利害或進行決策的機制，共同作業僅限於防止農作物遭竊的「看青」工作。這與日本的村莊對於村民從農事工作的協助到基礎設施的維護，甚至冠婚葬祭等都介入的形式，有很大的不同。

因此，中國社會中的地域集團，身為團體的輪廓也十分模糊。以村莊為例，日本與西歐對於村民的資格條件具有很嚴格的規定，無論是加入或離開都設有極高的標準。相對於此，居住在中國村莊之中的成員出入十分頻繁，相關的門檻也十分的低。新加入者沒多久就擺出在地人的姿態，村莊對於要離開的人也幾乎不會加以禁止。換言之，在中國，要辨別村內與村外之間的界線，可以說是十分困難。

於是，中國的農民在遇到生計上的困難時，就很容易脫離村莊，逃到村外去。在鄉里犯罪而被驅逐者、因為貧窮而到外地打工者，或者因為饑饉而成為流民者，人們因為各種理由離開村莊。另一方面，富裕階層也為了多方經營事業，而積極地將成員往其他地域或行業輸出。從上到下的階層，人民都在不停流動。

亦即，在中國，家族、村莊、公會等社會集團（中間團體）並不具有如日本或西歐般堅固（或曰穩定）的約束力。不只「升官發財」的管道極多，由於家產均分慣習、身分制度無法世襲等現象所帶來的階層下降壓力也極

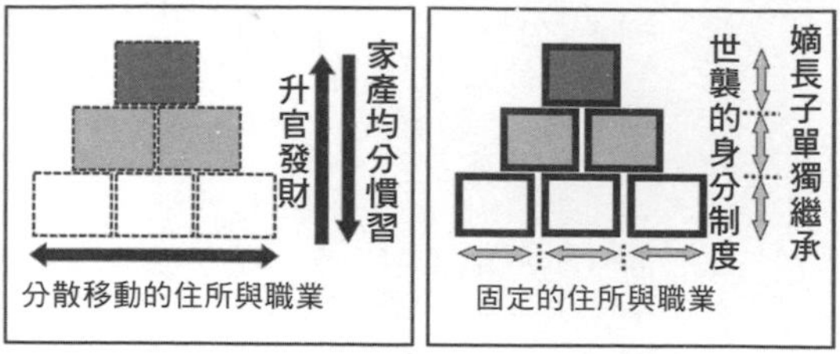

中國（社會的流動性＝高）　日本與西歐（社會的流動性＝低）

圖 32　社會的流動性（概念圖）

高，加上居住地與產業的選擇很多，使得各種中間團體與居於其中的人們，在垂直與水平的雙向流動上都十分劇烈〔圖32〕，這也是中國高度的「社會流動性」形成的因素。

此外，如前所述，國家權力在地域的官府都是極端的「小政府」，除非有事情鬧到官府，否則國家權力對於人民的任何發展與階層流動，都是一概不加干涉。

故就民眾的觀點來看，國家或中間團體對其而言等於是「不約束也不保護」的形式存在而已。與日本或西歐的中間團體往往對於民眾的生活「既約束又保護」的社會型態，有著本質上極大的不同。

流民的去向

在中國這種高度流動性的社會，既然中間團體無法依靠，那麼「保護」人民的機制，到底是什麼？

答案就是之前也常提及的「人與人之間的信賴關係」。本書將這種「人與人之間的信賴關係」的人際網絡稱之為「幫眾關係」。當人們遇到問題時，往往運用「朋友的朋友也是朋友」的關係，尋求保護或出路。被委託的一方基於「共同的朋友」作為信任的保證，而為這位「朋友的朋友」提供全力的協助。有共通利害者還會結成具有相同目的的各種團體，這類的拉幫結夥反覆運作的結果所形成的「幫眾關係」，士大夫、編戶、游俠、流民等各個階層之中，皆有「幫眾關係」的運作。

但是在一君萬民的原理原則之下，「幫眾關係」卻是被打壓的對象。借用導言所介紹宮崎市定的「電線比喻」，在「君」與「民」之間與之外，皇帝的權力所不及的領域，往往是「電壓」（能量）蓄積與爆發之處。

就國家的立場而言，民眾成為「編戶」，登記戶籍、從事本業、負擔稅役，是最理想的狀態。但因為地域社會對於民眾的出入限制十分薄弱，造成民眾很容易脫離「編戶」的狀態，化為流民。

流民雖然往往成為社會秩序不安的要因，但同時也是都市與農村的勞動力來源。如前所述，江南的大都市有許多日雇的臨時工需求，真的找不到工作也能去從軍。流民所帶來的勞動人力，也成了支撐唐宋變革期後的社會行業多元化發展的基礎。

同時，當社會陷入動盪不安時，流民可能就會選擇加入盜賊團、祕密組織，或者地方上有力人士所組織的私家軍。唐末的反亂勢力與地方藩鎮、北宋末年的梁山泊與吃菜事魔、南宋初期的岳家軍等，都是收容流民的軍事集團。

「從軍至少能混口飯吃」。這些加入軍隊的流民，不論加入的是賊軍也好，還是官軍也好，其實出發點都一樣，僅是「換湯不換藥」而已。因此就算是官軍，也是在農村混不下去的流民所組成的鬆散部隊，跟近代國家募兵志願制所培養的，具有高度訓練與高士氣的「募兵＝職業軍人」的軍隊在本質上完全不同。中國有句俗語叫做「好鐵不打釘，好男不當兵」，鮮明的道出中國傳統文化中「崇文賤武」的價值觀。

「武」的位置

中國史上歷代的王朝交替（易姓革命），其形式幾乎都是武力革命。擁有武力，掌握霸權者，創立新王朝後，即皇帝位。新王朝的創立者原本大多都是舊王朝周緣（或體制外）的勢力，以軍事實力為基礎，在短時間內爬上權力的頂點。本書第二章所述及的魏晉南北朝史中的王朝更迭，幾乎跳脫不出這類的例子。另一種如王莽者，在舊王朝的中樞之中表現傑出，進而爬上頂峰，最後篡舊立新的例子，則屬於少數。

但一旦新王朝成功創立之後，武功傲人的「開國元勳」卻往往成為被猜忌與肅清的對象，對其子弟兵的指揮權也被剝奪。西漢的韓信就是典型的例子。建國時所需要的「勢如破竹的武力」，在新體制建立之後，旋即被「解毒」（解編），重編成為體制內受官僚系統所指揮的禁軍制。

歷代王朝在邁入安定期之後，幾乎都會陷入弱兵化的現象。那是由於專制國家的組織概念多為以「清除政權內部的亂源」為優先所致（這種思想到

圖 33　岳飛像（浙江省杭州市岳王廟）

了近現代一樣根深柢固，如蔣介石就算面臨日本侵略，也堅持「安內攘外」的方針，以討伐共產黨為優先）。

政權中樞對前線軍或地方軍往往充滿著警戒，若中央對地方武力失去控制力，就會爆發如北魏的六鎮起義、唐的安祿山之亂、明初的朱棣（永樂帝）奪權、明末的吳三桂降清等，都對當時的政權產生致命性的打擊。但若中央成功控制地方武力的話，如北宋的「杯酒釋兵權」，南宋的誅殺岳飛等，卻又會招致國防戰力衰退的後果（圖33）。

封建社會（日本或西歐）與部族社會（內亞的游牧國家），其集團的基礎單位即為軍團單位，故打造以「武」為原理原則的國家機關並不難。但在以「文」為原理原則的中華帝國，「武」必須被收編進入官僚體系內，有時甚至連制度化的契機都難以具備。

於是被賤視的「武力」、「武人」，只好維持著能量，沉澱至體制外的世界。當王朝陷入衰亡的局面時，「文」的專制國家早已經失去平定動亂的能力。於是體制外（底層、暗處）的武人們或是外來的游牧軍團便再度掌握霸權，最終推翻舊王朝，建立新王朝，完成又一次的易姓革命。但就算易姓革命反覆地發生，文官體制仍然在每個新王朝之中延續。中華帝國之中的文武關係，就如此在漫長的時空裡重複地交替循環。

二、雅——士大夫的人脈網絡

士大夫的困境

前節中提及，《清明集》所登場的「英明的地方官」懲治「惡質的豪強與胥吏」的案例，頂多只是一種理想。實際的狀況更多是地方官與豪強、胥吏間的共生關係。這當然是因為「過客」性質的地方官，在治理地方時十分需要當地有力人士的幫助；但地方官與豪強、胥吏間形成共生關係的背後，還有另一個需要考慮的要素。

那就是這些赴任異地的地方官，回到自己的故里，身分也是大地主或大商人。由於在自己的故鄉，本身就是屬於地方豪強人士，故身分一變，成為與地方官處於對立立場的角色。

這些官吏在赴任地任官時，站在一君萬民的「國家治理」的最前線，最主要的任務，就是切斷地域中的「幫眾關係」。但回到自己的故里，恢復地域豪強的身分，為了維持家運，最重要的工作就是擴展自己的「幫眾關係」，有時甚至不惜試圖迴避官僚的支配，從事違法的勾當。換言之，在中國，統治權力與地域豪強之間的關係更為微妙與複雜，這與習慣幕藩體制等領主制「地域統治者與地域豪強幾乎累世不變」的日本人歷史觀，有很大的不同。

因此，如導言的〈圖1〉所示，中國的社會結構在「國家統治的原理」與「人際關係的原理」並存之下，在士大夫的心中，就十分容易產生糾結。王安石新法所導致的宋代黨派對立，其實就是重視「國家統治的原理」派，與重視「人際關係的原理」派之間的對立現象。但可以確定的是，無論被歸類於何派，每個士大夫在黨派對立的過程之中，應該都煞費苦心的在尋找自己於前述「縱」（國家統治）與「橫」（人際關係）之間的平衡與定位吧。

地域的豪強＝士大夫們，一方面與地方官之間維持著緊張的關係，一方面又苦於家產均分慣習所造成的家道中落，為了維持家運，可說是費盡心思。將這種心思表露無遺的，要屬南宋中期的下級地方官吏袁采所著《袁氏世範》（一一七九年）一書。該書原本為作者寫給自己子孫所讀的訓誡集，但在友人的建議下也公開印行，由於內容貼切，因此成了暢銷書。

袁采指出，家道的中落，主要的原因就是家族內的紛爭與子弟的放蕩。因此必須要讓子弟勤於向學，同時還要力圖家族內部的和諧。可見，對於這些士大夫來說，家產因為內部紛爭而分散，以及生出不爭氣的後代，是最擔心的兩件事。

簡言之，如前面所提及的「升官發財」（一九五、二二一頁）這四個字所代表的意義，讓家族內的子弟讀書，盡量使家族內更多的子弟科舉登科，持續維持家產（或曰擴張家產），正是這些士大夫竭盡心思的思慮。為此，他們也會窮盡手段去達成。

其中一種代表性的手段，就是宗族的結成。如第三章所述，宗族雖然未必符合宋代社會現狀（單婚小家庭制）的需求，但為了形成一個理想的家族型態而被創設出來，如范仲淹等人，皆成了這個制度的實踐者。宗族以祖先祭祀的名義，設定共有的家族財產，以共同經營的方式加以運作。此外，讓宗族內的成員各自經營不同事業，或送去不同地域發展的多角經營模式，也是宗族為了分散風險，維持家產的積極做法。

另一方面，士大夫個人之間經由「幫眾關係」所擴展的人脈網絡，也具有危機管理的概念。自漢代起，政府內部的上司下屬關係、學問上的師徒關係、任官時的同年登科者關係等，對各個時代的士大夫而言，都是重要的人脈資源。

但到了宋代，因為擴大科舉的緣故，讓讀書人階層與識字階層擴張至地域社會，「幫眾關係」的人脈網絡，也更為深植生根至社會上各個角落。尤其是到了南宋時期，宗族集團所設立的私立教育機關——書院，不只成為讀書人，尤其是道學派士大夫的交流場域，也成為士大夫擴展自己人脈的重要場所。在書院人脈網絡的支撐下，也促成了後述的朱子學抬頭（圖34）。

換言之，與前節所述的民眾階層仰賴周遭的「幫眾關係」一樣，士大夫們為了在激烈的生存競爭之中存活下來，所賴以為繼的也是士大夫之間的「幫眾關係」。

圖 34　鵝湖書院（江西省上饒市）

朱子學的勝利

隨著科舉規模的擴大，科舉登科者增多的同時，科舉「未」登科者的數量也跟著增加。懷抱著進入國家樞要的理想苦讀，卻無法如願，這些帶著「未竟之志」的青壯年（甚至還有老年人），開始大量的在鄉里積累。

他們所讀的經書自然是以儒學為基礎，在唐以前的儒學是以支持皇帝專制為主要思想，因此對於這些「科舉未登科者的預備官吏人選」，並沒有做出任何

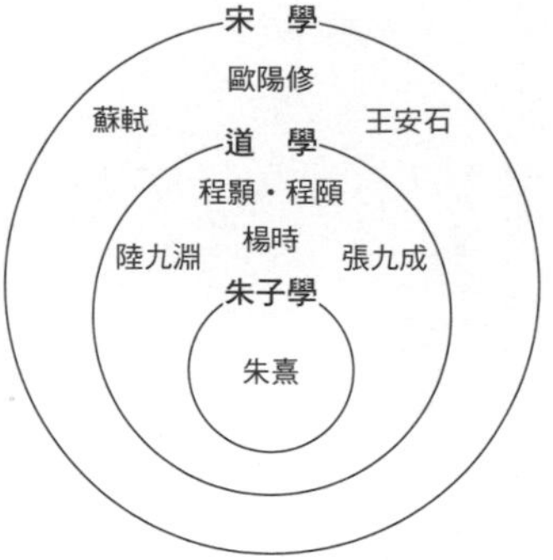

圖 35　宋學、道學、朱子學的關係

「你們該當如何」的指示。到了北宋的宋學時期，這樣的狀況雖然有所改善，但在北宋時期王安石的「新學」當道，因此這些讀書人大多成為官吏推動新法的宣傳對象。

至北宋末期到南宋期間，對於這些希望進入政府成為官吏的士大夫，提供進一步規範其價值觀與行為準則的學派終於登場。此即「道學」。道學為北宋中期，由周敦頤（一○一七—一○七三年）所開創，程顥、程頤兄弟所扎根，百餘年來獲得士大夫廣泛支持，最終於南宋時由朱熹一門的「朱子學」集大成的學派（圖35）。

朱子學補足了原本儒學所欠缺的「形而上」（說明世界的秩序原理的「理氣二元論」）的學說層次，同時連結儒學原本就具備的儀禮制度與政治思想，與儒學形成一個完整的體系。朱子學學說奉古典中的「四書」（《論語》、《孟子》、《大學》、《中庸》）為經典，取代「五經」（《周易》、《尚書》、《毛詩》、《禮記》、《春秋》）的地位。其中關於士大夫的個人實踐，以《大學》

的開頭所列的三綱領——「明明德」、「親民」、「止於至善」；與八條目——「格物」、「致知」、「誠意」、「正心」、「修身」、「齊家」、「治國」、「平天下」為指南。其中尤以八條目的內容，讓尚未科舉登科、無法親自治國的士大夫，可以先從自己身邊的人際關係與自身修養做起，以期待未來有一天有機會展望天下國家時，能做好萬全的準備。

朱子學雖然在朱熹的晚年遇上了「慶元偽學之禁」的打壓，但因為廣泛獲得鄉里間讀書人階層的共鳴，支持基礎仍然深厚。

朱熹的活動據點福建，為當時出版業的重鎮，這個背景也促成了朱子學的抬頭。朱熹的著作《四書集注》等儒學書籍，由福建的印刷業者所印行出版，跟過往相比，讀者可以更快更大量的取得這些書籍，也進一步擴張了讀者數量。四百年後的歐洲，馬丁・路德（Martin Luther）宣揚其宗教改革的思想，同樣也是以活字印刷技術的發展為後盾。

同時，自北宋以來，全國各個地域中，歷年皆以福建的科舉合格者位居首位；加上福建貿易中繼地位的提升，與外界的交流活潑頻繁，一躍而成為一塊開放進取、充滿活力的地區。這樣的環境，也成為孕育朱子學發展的土壤。

如前章所述，朱子學在十三世紀宋理宗的時代以降，已經獲得國家體制內獨尊的學說地位（意識形態）。就算曾經經歷過國家專制權力的打壓，朱子學還是以最新的木版印刷技術為武器，經由士大夫間「幫眾關係」的人際網絡，逐漸開疆闢土，擴大影響力，最終昇華成為超越專制國家統治理念的經典。

另一方面，隨著科舉登科的難度增加，到了南宋時代，越來越多的讀書人的自我定位也開始發生轉變。進入中央政壇出人頭地的念頭，逐漸被留在鄉里擔任地域指導者的想法所取代。

例如，宋代的士大夫常常書寫規範地域社會的「鄉約」，或寫「勸農文」、「諭俗文」之類的文章發表。這些文章並非由村莊內的決策機構所制訂出來的合議內容，也並非規定村莊成員行為準則的條文規定，而是士大夫以朱子學的價值觀為基準，所撰寫、提案的文章。這些文章以民眾的教化與善導為基本理念，可見士大夫已經開始將教化鄉里、推動鄉里進一步發展視為自身的責任之一。不只是個人的著作，江南的州縣開始盛行編纂「地方志」的現象，也反映出這種對「鄉里的關心」升高的現象。

士大夫的活動，不只限於著述，也提升到實踐層面。朱熹所提議設置的「社倉」，為饑荒時用以賑災的倉庫，由居住在農村的志願者自主經營。這類自主運作的公共活動更加確立士大夫身為「鄉里的指導者」的地位，也為明清時代的「鄉紳」階層提供了發展基礎。到了明清時期，更多的士大夫對於國家權力反而刻意保持距離，以鄉里為活動據點，指導地域的經濟與文化活動，也造成這種宋代時萌芽的「國家與社會的乖離」現象，（二〇二、二一九頁）至明清時代終於發展成為不可扭轉的事實（相關論述請參見本書系第四卷與第五卷）。

仰賴「幫眾關係」的自力救濟

最後，再次針對前節與本節的論述，引用近年中國史研究所提起的「四個重點」，進行整理與爬梳。

聽到「中華帝國為一君萬民的專制國家」這種說法，就會聯想到「對於社會各階層灑下嚴密支配網絡的政治體制」的社會。但若讀者閱讀本書至此，應該就能理解，這種所謂專制國家高揭的一君萬民原理原則，大多僅拘泥於「外在的一致性」，對於民眾日常生活的關心其實極其淺薄。地方上的行政權能也十分受限，與基層社會之間的連結十分薄弱。換言之，這是一種「專制與放任並存」的社會（之一：「國家與社會的乖離」）。

另一方面，中間團體如村或工商會組織，本身並不具備完善的法律共同體的概念與性質，造成民眾無法放心將自己的人生交託給這些團體（之二：團體概念淺薄的中間團體）。

尤其至宋代以後，社會的流動性增高，造成各個階層的中間團體甚至難以維持至下一個世代。社會的流動性包括「縱向」（非世襲的官吏身分；家產均分的慣習造成家道中落的壓力等）與「橫向」（對居住地與行業選擇的自由度高；人流移動的頻繁）等（前揭圖32）。因此，民間便習慣採取「以橫向流動的機會分散縱向流動的風險」的策略（之三：社會的高度流動性）。

當中間團體無法應付發生的危機時，源自各種人脈的「幫眾關係」就成為民眾仰賴、寄託的對象。人們依照自己的境遇，尋求合適的朋黨、鄉黨、各種組織團體或祕密結社的支援，以求得人身的保全（之四：對個人之間信賴關係的依存）。

前述的「之一」至「之四」的重點特性，與日本或西歐的歷史社會發展加以對照，都會發現很大的差異。這些中國社會的特性，也是我們在今後研讀中國史時一個重要的立足點。

結語

再致年輕的學子們

我在地方上的大學，已經教了二十多年的書了。概說式的講義課程與專業課程、通識課程等，都各別教授過。因為是小規模的大學，因此受講的學生不只限於東洋史專攻生，還有法律、經濟、文學、社會學等專業的學生。通識課程的話，自然科學與醫學系的學生甚至占了一半。

在現今這個時勢之下，這些學子仍對中國史的課程感興趣，並登錄選課，十分難得。考量現在中國學與歷史學所面臨的狀況，我深切地感受到今後應該積極規畫以這些非東洋史專攻的學生為對象的中國史教育。

基於前述的想法，在學期初的時候，我會請修課的學生填寫問卷，請他們提出對於中國史或者是現代中國的疑問。學生們的疑問五花八門，若就歷史學的觀點可回答的方面來說，主要可以整理出兩個問題。我的課程就以探討這兩個問題為主線進行安排。而這兩個問題分別是：

一、為何中國並存「一元性的志向」與「多元性的放任」兩種特質？

二、為何中國老是與近代的各種價值觀產生不協調感甚至衝突？

對於這兩個問題，我所提出的回答，與本書所述的內容其實有多所重合之處。當然，對於不同領域的學生，我的回答難免有不夠深入或過於急躁之處，但我相信這些回應對於下一個世代的學子而言，仍具重要意義。以下，就以對於前述學子所提出的兩個問題的回應，作為本書的代結語。

首先是第一個問題。這個問題中的「一元性」可以對應到本書所提出來的「國家統治的原理原則」；「多元性」則可以對應到「人際關係的原理原則」。

在整個中國通史之中，前者試圖統合後者的志向，有時強，有時弱。戰國時代秦國的商鞅、西漢的桑弘羊、北宋的王安石、明的洪武帝（於本書系第四卷「明初體制」論及）、人民共和國的毛澤東等，都是積極以國家權力介入民眾多元生活的代表政權。

但這些強調一元化志向的政權，整體而言還是少數派，而且實際上整體的局勢還是往「打著一元化的招牌，在不超脫這個框架的範圍內，向放任多元性的方向發展」。本書也介紹過，桑弘羊與王安石的政策，遭到民事不介入派批判的事例，其背景也是在於此（六六、二五八頁）。普遍認為，這樣的傾向，大致是在兩稅法施行前後；或是南宋以後，士大夫由朝廷志向轉換至鄉里地域發展時；以及明以後鄉紳的出現與鎮（行政權力不及的市鎮城市）激增後，逐漸成為定局。換言之，「專制國家對基層社會細節的關注逐漸淡薄」或是「專制國家與基層社會逐漸疏離」（產生乖離）這樣的發展，已經成為中國社會不可逆轉的現象。

如本書在導言所提到范仲淹的〈岳陽樓記〉，「居廟堂之高則憂其民」與「處江湖之遠則憂其君」，同時關心國家與社會，其實本來就是可能實現的目標。

然而歷史的現實卻告訴我們，「廟堂＝專制國家」與「江湖＝基層社會」逐漸產生乖離，各自往相反的方向走去。這樣的過程就為「一元性」與「多元性」創造出可能並存的背景條件。前章所提及的士大夫的困境，就是在這樣的趨勢下所誕生的結果。

再者，關於第二個問題。說到所謂「近代的價值」，一般會想到的就是基本的人權、所有權、法治主義等這些發源於西歐的價值觀。這些價值觀共通的部分，就是不同的法律共同體之間，經由協議、調整等步驟，達成協議的形成過程。學生對中國的第二個疑問，關鍵就在於中國是否存在著這種「對等團體之間協議形成過程」的習慣。若從這個關鍵加以探討，應該可以得到下述的結論。

在西歐，在共通的法律背景基礎之下，各種中間團體的代表能進行協商、達成各種協議。這並不限於兩個團體之間，多個團體的代表聚集協商的「代議制」，與協調彼此利益關係的「議會制」（身分制議會）等，這些全體參加團體基於廣泛契約概念以共同認可或共同協議的方式達成共識的過程，逐漸孕育出所謂的法治主義。這些在法律共同體之內的各種身分，最終得以透過議會這個機制，對於本身也屬於其中一分子的「王」（國王）的權能進行制衡。這也成為後世共和政體或議會制民主主義的濫觴。

但梁啟超（一八七三—一九二九年）與章炳麟（一八六九—一九三六年）等人也指出——這種議會制度其實更適合身分階級嚴明的社會。

相反的，中國的社會自戰國時代以來，世襲的身分制度就開始瓦解。因此如西歐般進行利害協商與達成協議的主體，亦即各種法共同體（中間團體），並不存在。即便存在，這些對隸屬者「既不約束也不保護」的中間團體，並無法代表所有的成員（換個角度說，對於中國史研究者而言，後近代社會因為企業組織、工會組織的規範性與機能性降低所造成「議會制的失能」等狀況，並不陌生）。

在這樣的社會，如果某人想要實現自己的某個政治理想，那他又該怎麼做？最好的選項，就是靠自己的能力，挑戰科舉，進入體制，成為官員——但這個門檻極其之高。退而求其次的選項，就是想辦法讓自己與成為官吏者，或者與做官的有所關係的人產生關聯，於是「幫眾關係」的戰略就應運而生。但這樣的關係說穿了完全就是實利取向，只要有人家裡誕生了科舉的登科者，那帶著禮品前來祝賀的人可說是絡繹不絕；反之，若這個仕宦人家的後代遲遲考不上科舉，那前來拜訪的人就逐漸散去，人們開始去尋求與下一個金榜題名的人家交好。

本書在論述之中也提到，中國的士大夫，同時集「官僚、地主（資本家）、讀書人」三種身分於一身，同時具有政治資本、經濟資本、文化資本三位一體的寡占階層，這種萬能的地位，在社會上幾乎可說是占盡優勢。中國的政治集團，就容易成為被這種萬能「磁力」所吸引的依附者集團（若是亂世，依附者所尋求的就不是士大夫，而是某個強力的集團領袖，以求保全其生命財產）。

換言之，中國的型態並非是先有政治團體（中間團體），並由團體中推舉出具有權力（代表權）的人士，而是先取得權力（磁力），之後才形成政治集團（磁場）。集團的向心力為「磁力所及的範圍」，界定較為曖昧不明，集團本身的輪廓也具有高度的不確定性，很容易就因為失去磁場或其他因素而衰退，甚至煙消雲散。

前章也述及的「鄉約」，或許可以視為士大夫自己試圖發出「磁力」的一種例子。鄉里間認同士大夫所規畫的理想者齊聚一堂，士大夫再加以組織、凝聚。但即便如此，這樣的形式由於並非先有村莊這個團體後，士大夫才在全村的託付之下被推舉出來作為代表，因此同樣並沒有超出士大夫與支持者所結成「幫眾關係」的範疇。

成員不代表團體。官員也不代表支持者集團。這樣的社會，自然不會有「團體A與B各自推舉出代表者a與b，針對a與b所屬的代表集團進行利害關係的協調，以尋求進一步的共識」這種形成代議制度的客觀條件與背景。

而且，科舉制度最為完美的設計處就在於，其所具有「人人有機會」的意義以及科舉登科「一舉成名天下知」後取得的身分地位所代表的「萬能性」，讓當事者難以產生從內部去破壞或改革這個制度的動機。「文官制度與菁英支配」（國家治理的原理原則）——在中國的王朝時代是如此，近代以後，當皇帝制度都已經被淹沒在歷史洪流百年過後，在二十一世紀的中國仍然健在，而且完全不見衰退的跡象。

另一方面，貫穿民間社會的「人際關係的原理原則」也從未改變。與追求一元志向的「國家統治的原理原則」不即不離的相互並存，持續為中國社會注入多元性的活力與能量。

「居廟堂之高則憂其民，處江湖之遠則憂其君」，這是「雅」的階層——士大夫對外的「表面形象」。如果對於這個「表面形象」感到不解，那就揭開這個表面，尋找他們的「內面形象」吧。揭開一看，可能會發現士大夫們「俗」不可耐的「上有政策，下有對策」的另一面，以及在「俗」世社會中奔波的中國民眾，臉上那抹堅毅的神情。

後記

二〇一九年九月，我正在陝西師範大學西北歷史環境與經濟社會發展研究院（通稱西北研究院）進行為期半年的研究，期間前往各地參觀、調查，空檔時則前往圖書館撰寫本書。同時也常參加頻繁召開的學術研討會，再次感受到中國目前旺盛的中國史研究活力。

「中國旺盛的中國史研究」聽起來似乎理所當然，但自上個世紀以來，中國史學界卻面臨一連串的苦難。國民革命、中日戰爭、國共內戰，新中國成立後，又面臨大躍進與文化大革命，這些阻礙近代學術發展的政治過程，不曾間斷。直至一九八〇年代，學術研究才終於開始有點端緒；到了一九九〇年代，研究才開始正式有所發展。

之後約三十年，隨著中國全體經濟的發展，學術界的活動也逐漸旺盛起來。預算充足，出版企畫多樣，年輕學者與女性學者也嶄露頭角。可以說現在的中國，已經成為中國史研究的世界重鎮了。

另一方面，過去曾經引領世界的日本中國史研究，卻面臨了存亡的危機。少子化與財政困難，在財政面與人事面上對學術研究造成打擊，其中尤其以研究職的減少所造成的負面影響最大。沒有前景的就業環境，無法培育年輕的研究者，過去的研究積累，也無法傳承下去。

不只在歷史學界，經濟學界與國際政治學界，也有類似的情形。市民學習有關中國知識的機會與場所，恐怕將逐漸消失。最先受到影響的，應該就是像我所就職處的地方居民吧。因為這樣下去，三十年後，設有專攻中國史的大學，可能僅剩下都會區的大型大學了。在中國的存在感無論是在日本還是在世界上都越來越鮮明的現今，學術界的這種狀況實在令人憂心。

在本書系的第一卷中，有介紹過對於「日本人的中國意識」的問卷調查結果。經統計之後占最多的意見是：「雖然認為中國是個重要的國家，但並沒有好印象。」結論說道，至少在「認為中國重要」這點上，或許還留存著一點希望。我完全同意這個說法。

但是，只要這種「印象的好壞」或「喜歡或厭惡」的情感因素沒有改變，要徹底改變狀況還是很難。人都是這樣，就算覺得重要，但往往還是不會付諸行動加以改變。「總有人會去做吧」這種想法，是最大的難關。

為了改變這樣的情感認知（說白話一點就是增加「喜歡中國」的人），最重要的就是增加人的交流與文化交流。除此之外，別無他法。要改變一個人的情感認知，符號或道理的效果畢竟有限，還是得直接與血肉之軀的他人進行交流，或者接觸他人的心血結晶如文物、作品等比較有效果。這並非國際交流層級之事，而是人際關係層級的延伸。真心誠意地交朋友，套個本書的說法，就是與他人結成所謂的「幫眾關係」。

說穿了，就是讓自己對他者「感興趣」的意思。其實讓人感到有趣，可能正是學術研究類的工作者擅長的一個領域。加上中國這個研究對象，其實充滿了許多「有趣」的研究素材，因此如何善加挖掘，提供優質且有趣的教材，將其呈現給年輕人或者市民，並創造學習的空間，對今後日本的中國史研究者而言，是個重要的課題。

與此同時，另一個重要的課題是，我們要如何培育下一個世代產生「對與自己相異的價值觀感興趣」的感性。「相異的價值觀」雖然確實會令人不安，但同時經由得知「有另一個與自己的價值體系不同的世界存在」，反而能讓人產生從「被囚禁的世界解放」的感覺（比如說到了中國，發現「原來人可以活得這麼隨興！」而感到心情一陣輕鬆，諸如此類的感受）。我們這些研究者的重要使命，也許就是讓學習者能夠實際感受到「異文化能夠使人感到自由」的機會。

我在本書之中提出了「幫眾關係」這種對人際關係的詮釋，各位讀者可能不甚熟悉，但其實與前述的論點並非全無關係。各位讀者跟中國人交流的時候，只要回想起「幫眾關係」這個說法，應該就能有所體會了。透過這個詞彙，多少可以理解中國人「不羈的氣質」或「重義氣的熱情」的人格特質，與「不受約束，但也不提供保護」的中國社會的特色。

加強人的交流與文化交流的互動，培養對相異的價值觀的興趣——增加下一個世代願意關注中國、學習中國有關知識的年輕一輩，是我持續努力耕耘的目標。

在日本多數的中國史研究者之中，我絕非最適合書寫這本《江南的發展》的人選。江南史，無論是六朝、宋元、還是明清時代，都是中國史研究之中的「重要領域」，這個領域的許多專家學者如今也都十分活躍於學術界，也產出許多優秀的研究成果，藉此執筆的機會，我也接觸了與我的領域不同的眾多著作，獲得許多啟發。但話說回來，讀跟寫完全是兩回事。本書的著述，對我而言仍然是個艱鉅的任務，這個事實並未改變。

因此在本書的書寫上，已盡力基於龐大的研究成果與論述，對歷史事實的基本理解與研究上的重要課題進行整理與撰寫。但同時，本書所提出的「幫眾關係」概念與第五章所整理的「四個重點」等，則是受到前人的江南史研究成果所啟發，加上我自身的創意所誕生的說法。

其中，如何表現在士大夫、編戶農民、游俠或流民等階層之間共通的「人際關係的原理原則」，一直苦惱到行文的最後一刻。雖然有一部分接近宇都宮清吉氏所提出的皇帝「強權的世界」（首領制的秩序）以及與之相對峙的「自律的世界」（家族制的秩序）的概念，但本書更傾向使用能表達出向「家族」（其實家族本身仍然屬於一種制度的領域）外緣不停延伸出去的人脈關係的詞彙。這樣的思考有很大一部分與增淵龍夫氏的「任俠的習俗」的概念重疊，但「任俠」卻又不適合用於形容東漢以後，以儒教為基底的士大夫之間的人際關係。而在東南亞史的研究之中，常用的「人脈網絡」（network）概念也頗為相近，但用於中國史的時代通史之中，是否適合？又頗令人猶豫。

於是，在與本書系的主編岡本隆司與岩波書店負責本卷的編輯杉田守康多次討論過後，最後才決定使用稍微冒險一點的新自創用語「幫眾關係」。這個新創的用語在整理前述的概念時是否貼切、有效等，還盼各位讀者不吝批評指教。

在學界的狀況日益嚴峻的現今，本書系得以出版，並讓我這名中國史研究的後學參與撰寫，是莫大的榮幸。在此衷心感謝岩波書店的中山永基與主編岡本隆司，適時地提出這個書系企畫並付諸實現。

執筆作業是一連串暗中摸索與惡戰苦鬥的連續過程。感謝大學時代的前輩杉田守康的陪伴相助，在您的建議與激勵下，才能完成本書。感謝我的同事，具有豐富的江南實地調查經驗的佐佐木愛；感謝學生時代以來的老友，現在已經成為六朝史研究重鎮的張學鋒（南京大學）；感謝劉可維（南京師範大學）大力協助圖版與圖像的收集。同時，也感謝兩位通曉江南史的張氏與佐佐木氏對於內容上的建議，讓對這個領域不甚熟悉的我有了堅實的學術後盾。總之，真的非常感謝各位的協助。

最後，感謝住在日本松江市的家人，讓我無後顧之憂的前往中國研究。每天晚上微信與充滿笑靨的家人線上相逢，是我執筆遇到困難時最大的鼓舞。謝謝你們。

二〇一九年中秋　於長安南牆　舊啟夏門附近的宿所

丸橋充拓

1127年	金攻陷開封，擄走徽宗、欽宗（靖康之變）。趙構即皇帝位（南宋高宗）。
1138年	第1次金宋和議。
1141年	淮東、淮西、湖廣成立總領所。秦檜謀殺岳飛。
1142年	第2次金宋和議。
1161年	金海陵王出兵南宋。
1165年	第3次金宋和議。
1170年	後白河院於福原接見宋朝商人（平氏主導下的日宋貿易正式展開）。
1196年	韓侂冑鎮壓道學（慶元偽學之禁）。
1206年	南宋在韓侂冑主導下對金用兵（開禧北伐）。
1208年	第4次金宋和議，史彌遠開始掌權。
1241年	朱熹等人入祀孔子廟（正式認定朱子學）。
1258年	蒙古（蒙哥）正式對南宋發動總攻擊。
1259年	蒙哥猝逝，蒙古（忽必烈）與南宋（賈似道）締停戰約。
1274年	蒙古出兵日本（文永之役）。
1276年	蒙古征伐臨安（杭州）。
1279年	蒙古滅南宋。
1281年	蒙古出兵日本（弘安之役）。

589年	隋征伐陳，南北朝統一。
600年	倭國使節向隋朝貢（第1回遣隋使）。
618年	煬帝於揚州被弒，李淵即皇帝位（唐高祖）。
630年	倭國遣使節向唐朝貢（第1回遣唐使）。
663年	唐、新羅聯軍於白村江之戰中擊敗倭國、百濟聯軍。
702年	粟田真人等初次以「日本」為國號向唐朝貢。
734年	裴耀卿進行漕運改革。
755年	安史之亂發生。
758年	鹽專賣開始實施。
780年	兩稅法開始實施。
835年	甘露之變發生。
859年	裘甫之亂發生。
868年	龐勛之亂發生。
874年	黃巢之亂等發生（～ 884年）。
894年	日本中止遣唐使的派遣計畫（「廢止」遣唐使）。
907年	唐室讓位，朱全忠即皇帝位（後梁）。
958年	後周奪取南唐淮南地方。
960年	後周讓位，趙匡胤即皇帝位（北宋太祖）。
973年	科舉追加殿試。
979年	太宗征伐北漢，奪回燕雲十六州失敗。
1004年	北宋與契丹締結盟約（澶淵之盟）。
1008年	真宗於泰山行封禪大典。
1043年	范仲淹任參知政事（慶曆新政）。
1044年	北宋與西夏締結盟約（慶曆和議）。
1069年	王安石任參知政事，開始推動改革（新法）。
1085年	哲宗即位，舊法黨復權。
1093年	哲宗親政，切換至新法路線。
1100年	徽宗即位。
1120年	方臘之亂發生。

前111年	西漢征伐南越，置九郡。
前81年	鹽鐵會議召開。
後25年	劉秀建東漢，即皇帝位（光武帝）。
40年	交趾郡發生徵側、徵貳姊妹之亂。
57年	倭國使節向東漢朝貢。
166年	羅馬帝國使節來訪日南郡。
184年	黃巾之亂發生。
208年	孫權、劉備聯軍於赤壁之戰中擊敗曹操。
221年	劉備建蜀漢，即皇帝位（蜀漢昭烈帝）。
226年	孫權出兵越南北部，滅士氏。
229年	孫權建東吳，即皇帝位（吳大帝）。
239年	卑彌呼使節向魏朝貢。
263年	魏征伐蜀漢。
266年	臺與使節向西晉朝貢。
280年	西晉滅吳。
318年	司馬睿於建康即皇帝位，再興晉室（東晉）。
323年	王敦之亂發生。
327年	蘇峻之亂發生。
364年	在桓溫主導下實施土斷制。
383年	東晉於淝水之戰中擊退前秦。
413年	在劉裕主導下再次實施土斷制。
420年	東晉讓位，劉裕即皇帝位（宋）。
421年	倭王讚遣使節向宋朝貢。
459年	宋孝武帝定揚州為王畿。
478年	倭王武遣使節向宋朝貢。
479年	宋室讓位，蕭道成即皇帝位（南齊）。
502年	南齊讓位，蕭衍即皇帝位（梁）。
548年	侯景之亂發生。
557年	梁室讓位，陳霸先即皇帝位（陳）。

簡略年表

因西元與中國舊曆並非完全一致，故年表僅列西元年。

前7000年左右～前5000年	彭頭山文化（長江中游流域）。
前5000年～4000年	馬家濱文化（長江下游流域），河姆渡文化（長江下游流域），大溪文化（長江中游流域）。
前4000年末～前3000年後半	良渚文化（長江下游流域）。
前3000年前半	屈家嶺文化（長江中游流域）。
前3000年後半	石家河文化（長江中游流域）。
前3000年後半～前2000年前半	馬橋文化（長江下游流域）。
前2000年	長江流域的諸文化與中原文化之間的接觸擴大。
前8世紀末	楚開始向中原擴張。
前597年	楚於邲之戰中擊敗中原諸國聯軍。
前473年	越滅吳。
前381年	吳起於楚國被殺害。
前316年	秦征伐蜀地。
前278年	秦攻略郢都（楚的都城）。
前223年	秦滅楚。
前209年	陳勝、吳廣之亂起；項羽、劉邦等舉兵。
前206年	秦亡。在項羽主導下，轉型十八王國體制。
前202年	劉邦滅項羽，即皇帝位（西漢高祖）。
前154年	吳楚七國之亂發生。
前119年	鹽鐵專賣開始。

斯波義信《中国都市史》東京大学出版会，2002年。
高橋芳郎《宋——清身分法の研究》北海道大学図書刊行会，2001年。
寺地遵《南宋初期政治史研究》溪水社，1988年。
桃木至朗編《海域アジア史研究入門》岩波書店，2008年。

第5章 結語

足立啓二《専制国家史論—中国史から世界史へ》（1998年初版）ちくま学芸文庫，2018年。
大澤正昭《主張する〈愚民〉たち—伝統中国の紛争と解決法》角川書店，1996年。
岡本隆司《中国「反日」の源流》（2011年初版）ちくま学芸文庫，2019年。
何炳棣《科挙と近世中国社会—立身出世の階梯》寺田隆信、千種真一譯，平凡社，1993年。
川村康〈宋代「法共同体」初考〉，宋代史研究会編《宋代社会のネットワーク》汲古書院，1998年。
岸本美緒〈中国中間団体論の系譜」『岩波講座「帝国」日本の学知3 東洋学の磁場』岩波書店，2006年。
岸本美緒《地域社会論再考—明清史論集2》研文出版，2012年。
小島毅《朱子学と陽明学》（2004年初版）ちくま学芸文庫，2013年。
小林一美〈中国史における「文と武」，「官と賊」，「漢人と少数民族」の間〉，吉尾寛編《民衆反乱と中華世界—新しい中国史像の構築に向けて》汲古書院，2012年。
滋賀秀三《中国家族法の原理》創文社，1967年。
高島俊男《中国の大盗賊　完全版》講談社現代新書，2004年。
寺田浩明《中国法制史》東京大学出版会，2018年。
丸橋充拓〈「闘争集団」と「普遍的軍事秩序」のあいだ〉，宮宅潔編《多民族社会の軍事統治——出土史料が語る中国古代》京都大学学術出版会，2018年。
吉田浤一〈中国における国家の形成と「公私」イデオロギー〉，渡辺信一郎、西村成雄編《中国の国家体制をどうみるか—伝統と近代》汲古書院，2017年。

學社，2019年。
渡邉義浩《「三国志」の政治と思想——史実の英雄たち》講談社 2012年。

第3章

伊原弘、小島毅編《知識人の諸相——中国宋代を基点として》勉誠出版，2001年。
遠藤隆俊、平田茂樹、浅見洋二編《日本宋史研究の現状と課題——1980年代以降を中心に》汲古書院，2010年。
大澤正昭《唐宋変革期農業社会史研究》汲古書院，1996年。
《徽宗とその時代》（アジア遊学64），勉誠出版，2004年。
北田英人〈8-13世紀江南の潮と水利・農業〉《東洋史研究》47-4，1989年。
《9世紀の東アジアと交流》（アジア遊学26），勉誠出版，2001年。
小島毅《中国の歴史07 中国思想と宗教の奔流——宋朝》講談社，2005年
小林義廣《王安石——北宋の孤高の改革者》山川出版社，2013年
《〈清明上河図〉をよむ》（アジア遊学11）勉誠出版，1999年
礪波護《馮道——乱世の宰相》（1966年初版），中公文庫，1988年。
日野開三郎《唐代藩鎮の支配体制》日野開三郎東洋史学論集第1巻，三一書房，1980年。
平田茂樹《科挙と官僚制》山川出版社，1997年。
藤本猛《風流天子と「君主独裁制」——北宋徽宗朝政治史の研究》京都大学学術出版会，2014年。
宮崎市定《東洋的近世》礪波護編，中公文庫，1999年。
宮澤知之《宋代中国の国家と経済——財政・市場・貨幣》創文社，1998年。
山崎覚士《中国五代国家論》思文閣出版，2010年。

第4章

榎本渉《僧侶と海商たちの東シナ海》講談社，2010年。
桑原隲蔵《蒲寿庚の事蹟》（1923年初版）平凡社東洋文庫，1989年。
小島毅《義経の東アジア》（2005年初版）トランスビュー，2010年。
Jacques Gernet《中国近世の百万都市—モンゴル襲来前夜の杭州》栗本一男譯，平凡社，1990年。
斯波義信《宋代江南経済史の研究》汲古書院，1988年。

藤田勝久《項羽と劉邦の時代——秦漢帝国興亡史》講談社，2006年。
增淵龍夫《新版　中国古代の社会と国家》(1960年初版)，岩波書店，1996年。
宮本一夫《中国の歴史01 神話から歴史へ——神話時代 夏王朝》講談社，2005年。

第2章

岡崎文夫《魏晋南北朝通史 内編》(1932年初版) 平凡社東洋文庫，1989年。
川合安《南朝貴族制研究》汲古書院，2015年。
川勝義雄《六朝貴族制社会の研究》岩波書店，1982年。
川勝義雄《魏晋南北朝》(1974年初版)，講談社学術文庫，2003年。
河上麻由子《古代日中関係史——倭の五王から遣唐使以降まで》中公新書，2019年。
河添房江《唐物の文化史——舶来品からみた日本》岩波新書，2014年。
川本芳昭《中国の歴史05　中華の崩壊と拡大——魏晋南北朝》講談社，2005年。
窪添慶文編《魏晋南北朝史のいま》(アジア遊学213) 勉誠出版，2017年。
鈴木靖民、金子修一編《梁職貢図と東部ユーラシア世界》勉誠出版，2014年。
妹尾達彥〈江南文化の系譜——建康と洛陽 (一)〉《六朝学術学会報》14，2013年。
妹尾達彥〈江南文化の系譜——建康と洛陽 (一)〉《六朝学術学会報》15，2014年。
戸川貴行《東晋南朝における伝統の創造》汲古書院，2015年。
礪波護、武田幸男《世界の歴史6　隋唐帝国と古代朝鮮》(1997年初版)，中公文庫，2008年。
中村圭爾《六朝江南地域史研究》汲古書院，2006年。
崛敏一《東アジア世界の歴史》講談社学術文庫，2008年。
宮崎市定《隋の煬帝》(1965年初版)，中公文庫，1987年。
吉川忠夫《劉裕——江南の英雄　宋の武帝》(1966年初版) 中公文庫，1989年。
吉川忠夫《侯景の乱始末記——南朝貴族社会の命運》(1974年初版) 志

主要參考文獻

與本書整體有關之文獻

石澤良昭、生田滋《世界の歴史13　東南アジアの伝統と発展》（1998年初版），中公文庫，2009年。
大木康《中国人はつらいよ——その悲惨と悦楽》PHP新書，2015年。
岡本隆司編《中国経済史》名古屋大学出版会，2013年。
加藤徹《貝と羊の中国人》新潮新書，2006年。
桑原隲藏〈歴史上より観たる南北支那〉（1925年初版），《東洋文明史論》平凡社東洋文庫，1988年。
妹尾達彦等《岩波講座世界歴史9　中華の分裂と再生》岩波書店，1999年。
竹內康浩《「生き方」の中国史——中華の民の生存原理》岩波書店，2005年。
谷川道雄編著《戦後日本の中国史論争》河合文化教育研究所，1993年。
中砂明德〈江南史の水脈——南宋・元・明の展望〉《岩波講座世界歴史11　中央ユーラシアの統合》岩波書店，1997年。
中砂明德《江南——中国文雅の源流》講談社，2002年。

第1章

宇都宮清吉《中国古代中世史研究》創文社，1997年。
大川裕子《中国古代の水利と地域開発》汲古書院，2015年。
大櫛敦弘〈燕・斉・荊は地遠し——秦漢統一国家と東方地域〉《海南史学》55，2017年。
柿沼陽平〈中国古代の人びととその「つながり」〉本田毅彥編著《つながりの歴史学》北樹出版，2015年。
佐竹靖彥《項羽》中央公論新社，2010年。
徐朝龍《中国古代の謎に迫る　長江文明の発見》角川書店，1998年。
鶴間和幸《中国の歴史03　ファーストエンペラーの遺——秦漢帝国》講談社，2004年。
平勢隆郎《中国の歴史02　都市国家から中華へ——殷周　春秋戦国》講談社，2005年。

圖19……礪波護《馮道》中公文庫，依卷頭地圖之內容製作。
圖20……《世界歷史大系　中国史3》山川出版社，依173頁之內容製作。
圖21……平田茂樹《科挙と官僚制》山川出版社，依35頁之內容製作。
圖22……《ボストン美術館の至宝展》朝日新聞社，57頁。
圖23……《中国歴代絵画　故宮博物院蔵画集》2，人民美術出版社，60、61、78頁。
第4章章名頁……《和泉市久保惣記念美術館蔵品選集》68頁。
圖25……愛宕元、森田憲司編《中国の歴史》下，昭和堂，依73頁之內容製作。
圖27……斯波義信《中国都市史》東京大学出版会，依85頁之內容製作。
圖28……上揭《中国の歴史》下，77頁。
圖29……伊原弘編《宋銭の世界》勉誠出版，41頁以及《北京大学版　中国の文明5　世界帝国としての文明　上》潮出版社，223頁。
圖31下……Science & Society Picture Library.
第5章章名頁上……衣川強《朱熹》白帝社。
圖33……田中重樹／アフロ。
圖35……小島毅《朱子学と陽明学》ちくま学芸文庫，依25頁之內容製作。
製圖……前田茂實（卷頭地圖、圖2、圖3、圖5、圖6、圖7、圖12上、圖15、圖17、圖19、圖20、圖21、圖25、圖27）。

圖表出處一覽

卷頭地圖、圖1、圖2、第1章章名頁、第2章章名頁、表1、圖11、圖16、表2、圖26、圖32……作者製作、攝影。

圖3……宮本一夫《中国の歴史01 神話から歴史へ》講談社，依197頁之內容製作。

圖4……Imaginechina／アフロ

圖5……渡邉英幸《古代〈中華〉観念の形成》岩波書店，依66-67頁之內容製作。

圖6……太田麻衣子〈鄂君啟節からみた楚の東漸〉《東洋史研究》68-2，依162頁之內容製作。

圖7……鶴間和幸《中国の歴史03　ファーストエンペラーの遺産》講談社，依138頁之內容製作。

圖8……《カン支那通貨論——金及び銀取引の研究》宮下忠雄譯，東亞同文書院支那研究部。

圖9、圖24、圖30、第5章章名頁下、圖34……佐々木愛提供。

圖10……《長沙走馬楼三国呉簡　嘉禾吏民田家莂》文物出版社，插圖。

圖12上……河上麻由子《古代日中関係史》中公新書，依23頁之內容製作。

圖12下……鈴木靖民、金子修一編《梁職貢図と東部ユーラシア世界》勉誠出版。

圖13……神田喜一郎《中国書道史》岩波書店，94頁。

圖14……依張學鋒提供之原圖製作。

圖15……愛宕元《唐代地域社会史研究》同朋舍，依412頁之內容製作。

第3章章名頁……竺沙雅章《范仲淹》白帝社。

圖17……岡本隆司編《中国経済史》名古屋大学出版会，依20頁之內容製作。

圖18……常盤大定、関野貞《中国文化史蹟》第6卷，法藏館。

【岩波新書·中國的歷史】2
江南的發展

2021年11月初版
有著作權·翻印必究
Printed in Taiwan.

定價：單冊新臺幣350元
一套新臺幣1750元

著　　者　丸橋充拓
譯　　者　林琪禎
叢書主編　王盈婷
校　　對　馬文穎
內文排版　極翔企業
封面設計　許晉維

出版者　聯經出版事業股份有限公司
地址　新北市汐止區大同路一段369號1樓
叢書主編電話　(02)86925588轉5316
台北聯經書房　台北市新生南路三段94號
電話　(02)23620308
台中分公司　台中市北區崇德路一段198號
暨門市電話　(04)22312023
台中電子信箱　e-mail：linking2@ms42.hinet.net
郵政劃撥帳戶第0100559-3號
郵撥電話　(02)23620308
印刷者　文聯彩色製版印刷有限公司
總經銷　聯合發行股份有限公司
發行所　新北市新店區寶橋路235巷6弄6號2樓
電話　(02)29178022

副總編輯　陳逸華
總編輯　涂豐恩
總經理　陳芝宇
社長　羅國俊
發行人　林載爵

行政院新聞局出版事業登記證局版臺業字第0130號

本書如有缺頁，破損，倒裝請寄回台北聯經書房更換。　ISBN 978-957-08-6050-4 (平裝)
聯經網址：www.linkingbooks.com.tw
電子信箱：linking@udngroup.com

Series CHUGOKU NO REKISHI, 5 vols
Vol. 2, KOUNAN NO HATTEN: NANSOU MADE
by Mitsuhiro Maruhashi

Originally published in 2020 by Iwanami Shoten, Publishers, Tokyo.
This complex Chinese edition published 2021
by Linking Publishing Co., Ltd., New Taipei City
by arrangement with Iwanami Shoten, Publishers, Tokyo

國家圖書館出版品預行編目資料

【岩波新書·中國的歷史】2 江南的發展/丸橋充拓著．
林琪禎譯．初版．新北市．聯經．2021年11月．264面．14×21公分
ISBN 978-957-08-6050-4（平裝）

1.中國史

610　　110017054